Separação de poderes e medidas provisórias

Separação de poderes e medidas provisórias

Pedro Abramovay

Fechamento desta edição: 10 de novembro de 2011

Edição 2012

ELSEVIER

CAMPUS JURÍDICO

Copidesque: Claudia Guarnieri
Revisão: Renato Mello Medeiros
Editoração Eletrônica: Tony Rodrigues

Elsevier Editora Ltda.
Conhecimento sem Fronteiras
Rua Sete de Setembro, 111 — 16º andar
20050-006 — Rio de Janeiro — RJ

Rua Quintana, 753 - 8º andar
04569-011 - Brooklin - São Paulo - SP

Serviço de Atendimento ao Cliente
0800 026 53 40
sac@elsevier.com.br

ISBN: 978-85-352-5518-8

Nota: Muito zelo e técnica foram empregados na edição desta obra. No entanto, podem ocorrer erros de digitação, impressão ou dúvida conceitual. Em qualquer das hipóteses, solicitamos a comunicação à nossa Central de Atendimento, para que possamos esclarecer ou encaminhar a questão.
Nem a editora nem o autor assumem qualquer responsabilidade por eventuais danos ou perdas a pessoas ou bens, originados do uso desta publicação.

CIP-BRASIL. CATALOGAÇÃO-NA-FONTE
SINDICATO NACIONAL DOS EDITORES DE LIVROS, RJ

A14s

Abramovay, Pedro Vieira
Separação de poderes e medidas provisórias / Pedro Abramovay. – Rio de Janeiro : Elsevier : Faculdade de Direito da FGV , 2012.

Inclui bibliografia
ISBN 978-85-352-5518-8

1. Separação de poderes. 2. Medidas provisórias. 3. Direito constitucional. I. Escola de Direito do Rio de Janeiro. II. Título.

11-6937. CDU: 342.33

Dedicatória

Para Carolina,
por me ensinar a não andar com os pés no chão.

Agradecimentos

Este livro é a publicação da minha dissertação de mestrado e uma dissertação, sem dúvidas, não é um produto só do mestrando. Muitos colaboraram. Colaborações de diversos tipos, que tentarei agradecer neste espaço.

Em primeiro lugar, agradeço ao Flavio Prol, pesquisador que me ajudou no levantamento dos dados sobre MPs, além de ter contribuído com várias ideias interessantes. Ao Professor Menelick de Carvalho Netto, pelas leituras pacientes, pelo incentivo permanente e pelo olhar crítico que transformou o trabalho. Ao professor Argemiro Cardoso Moreira Martins, por ter aceitado ser meu orientador. Ao professor José Geraldo de Sousa Júnior, por ter me incentivado a fazer o mestrado na UnB, e ao professor Cristiano Paixão, que já na banca de ingresso no mestrado me sugeriu que olhasse para a influência da física na formação do conceito de separação de Poderes.

Alguns amigos – só amigos aceitam esse tipo de trabalho – realizaram leituras atentas que influíram consideravelmente no resultado final. Felipe de Paula – tenho poucas dúvidas de que será (é?) um dos grandes constitucionalistas de minha geração – ; Fernanda Terrazas, que contribuiu muito para a clareza do texto; Paulo Macedo Garcia Neto que, com seu olhar de brilhante historiador do direito, me ajudou a aumentar o rigor do primeiro capítulo, além de vários outros comentários extremamente pertinentes; e a Daniel Arbix que, com o seu olhar crítico e generoso, contribuiu mais uma vez de forma decisiva para um trabalho meu. Ao professor Mario Machado agradeço a leitura aguçada feita antes da publicação.

Este texto representa, na verdade, uma parte de um esforço de um grupo que, a partir da Secretaria de Assuntos Legislativos do Ministério da Justiça, tem buscado a aproximação entre a Academia e o processo legislativo. Para este grupo, esta aproximação é fundamental para o aprimoramento da democracia no Brasil. Devo, então, agradecer a esses companheiros de trabalho, de projeto político e de vida: Luiz Guilherme Mendes de Paiva, que escreveu uma das melhores obras sobre o processo legislativo penal brasileiro; Luiz Gustavo Bambini, que também fez seu doutorado no tema; Catarina Barbieri, Rafael Alves e Thomaz Pereira, amigos que são verdadeiros modelos de acadêmicos e contribuíram muito para essa causa a partir do projeto "Pensando o Direito".

Agradeço a todos os funcionários da Secretaria de Assuntos Legislativos, por acreditarem nesse projeto e pela paciência com o chefe. Ao Senador Aloizio Mercadante, por me ensinar o valor do debate argumentativo no parlamento. Aos ministros Marcio Thomaz Bastos e Tarso Genro. O primeiro, pelo convite para assumir a Secretaria e por tudo que me ensinou; o segundo, pela tolerância com minha dedicação ao mestrado e, sobretudo, por me ensinar, na prática, a acreditar na democracia como instrumento de emancipação social.

Também não posso deixar de agradecer todos aqueles que, neste período de Brasília, compartilharam comigo este projeto de transformar o Brasil em um país mais justo e mais democrático. Em nome de todos esses agradeço a quatro amigos: Marcelo Behar, Beto Vasconcelos, Luiz Armando Badin e Leandro Galluzzi.

Agradeço também à editora Campus/Elsevier e à FGV Direito Rio, nas pessoas de Joaquim Falcão – que me ensina a cada dia o valor da ousadia intelectual –, Luci de Oliveira, Rodrigo Vianna e Carolina Vestena pela ajuda para a publicação.

Há pessoas que contribuíram para este trabalho de maneira mais indireta, mas certamente não menos decisiva. Conviver no dia a dia com alguém que escreve uma dissertação não é tarefa simples, e agradecer àqueles que me apoiaram neste período é imprescindível. Os companheiros de casa – que são também companheiros de luta – Adauto e Guilherme. Minha família toda, mas particularmente minha avó, que me ensinou a me indignar, meu pai que me transmitiu "a ciência como vocação" e minha mãe que me deu a paciência budista de saber o que é realmente importante.

Por fim, agradeço à Carolina – além da dedicatória – porque ela poderia estar em praticamente todos os grupos agradecidos, mas sua contribuição para esse trabalho não cabe nessas linhas.

O autor

Pedro Vieira Abramovay é Bacharel em Direito pela Universidade de São Paulo (2002) e mestre em Direito Constitucional pela Universidade de Brasília (2010). Foi Assessor da Liderança do Governo no Senado (2003-2004), Assessor Especial do Ministro da Justiça (2004-2006), Secretário de Assuntos Legislativos do Ministério da Justiça (2007-2010) e Secretário Nacional de Justiça (2010). Atualmente é professor da Escola de Direito do Rio de Janeiro da Fundação Getulio Vargas.

Prefácio

Medidas provisórias, diálogo institucional e a falta de povo

A vida acadêmica de qualidade é feita de originalidade e ousadia. O presente trabalho de Pedro Vieira Abramovay, que lhe deu o justo título de Mestre em Direito, preenche os dois requisitos com folga. A eles acrescenta um outro atributo, este bem menos comum na academia: a concisão. Em um universo cujos traços característicos são o discurso prolixo e uma exibição nem sempre produtiva de erudição, Pedro vai diretamente ao ponto. E que ponto! A tarefa árdua que se impôs o autor foi a de demonstrar que, ao contrário do que supõe o discurso convencional, não é justo atribuir às medidas provisórias o papel de vilã na distorção do significado da separação de Poderes no Brasil contemporâneo.

Todo advogado, para viver uma vida completa, deve passar pela experiência de defender uma causa difícil. Dessas que um primeiro lance de olhos considera impossível. Ganhar ou perder são parte da vida. O que faz diferença, mesmo, no caminho que se escolhe percorrer é a determinação, a criatividade e, sobretudo, a capacidade de mudar a percepção tradicional que prevalecia em relação a determinada matéria. Pedro desempenha este papel de forma soberba, com pesquisa empírica de qualidade e *insights* teóricos de um observador arguto, que conhece a história e domina os conceitos.

Na trajetória que escolheu, Pedro afastou-se das grandes avenidas que assinalam a paisagem constitucional na atualidade. Quase todas levam – ou ao menos atravessam – a uma praça central exuberante: a jurisdição constitucional, polo de fascínio do debate institucional contemporâneo. Com efeito, nos últimos anos, o discurso constitucional tem se concentrado em temas como legitimidade democrática do controle de constitucionalidade, interpretação constitucional e política majoritária, soberania popular e proteção judicial dos direitos fundamentais, legislador positivo e negativo, ativismo e autocontenção. O trabalho de Pedro Abramovay investe em outra agenda.

E o faz em boa hora. A política no Brasil vive um momento delicado. O modelo brasileiro de presidencialismo de coalização, aliado a um sistema eleitoral proporcional e de lista aberta, contribui para uma realidade complexa, disfuncional e dominada pelo dinheiro. Em uma de suas outras encarnações – como Secretário de Assuntos Legislativos do Ministério da Justiça –, Pedro participou ativamente dos projetos de reforma política que aprimorariam o sistema e resgatariam valores importantes. Infelizmente, ainda não era o momento. No entanto, o que cabe aqui destacar é que não há democracia estável sem atividade política de qualidade e sem instituições representativas eficientes. De modo que o foco do presente trabalho no Executivo e no Legislativo – em lugar do Judiciário – relembra a todos os que habitam no mundo do Direito que política é indispensável.

Na primeira parte do seu trabalho, Pedro explora a reconstrução da ideia de separação de Poderes, já não mais baseada em compartimentos praticamente estanques, mas em controles substantivos e – muito importante – com mecanismos aptos a superar o imobilismo e a paralisia institucional. Na segunda parte, em um dos muitos pontos altos do seu trabalho, o autor introduz e explora as noções de *veto players* – aqueles que têm a capacidade de parar o jogo – e de poder de agenda, com os mecanismos que impedem o Executivo de se tornar refém do Legislativo em questões cruciais para a implementação de programas de governo. Na terceira e última parte do trabalho, que é dedicada à análise das medidas provisórias no Brasil entre 1994 e 2008, Pedro presta sua contribuição mais valiosa.

De fato, rompendo com a tradição teórica e de gabinete da academia, o autor vai a campo em busca de dados empíricos, analisando o grau efetivo de participação do Congresso Nacional no controle das medidas provisórias. Ali, em análise do período anterior e posterior à Emenda Constitucional nº 32, de 2001, e em um corte que atravessa os governos Fernando Henrique e Lula, sua tabulação produz resultados surpreendentes. Ou não. A conclusão a que chega, quanto ao ponto, é a de que não se pode afirmar que as medidas provisórias representem uma usurpação do poder de legislar por parte do Executivo. Segundo o autor, há diálogo institucional e controle pelo Legislativo, assim como superação dos riscos de imobilismo. Tenho algumas dúvidas e angústias existenciais em relação à matéria. Entretanto, nesse momento e circunstância, não tenho argumentos para contrapor.

A conclusão mais preocupante no belo trabalho de Pedro Abramovay é, no entanto, irrefutável. A despeito de muitos avanços, ainda somos uma democracia com pouco povo, baixa representatividade e *deficits* republicanos. Nas palavras do autor, "estamos muito distantes de um processo de formação das normas no qual o povo seja realmente o sujeito ativo e passivo". E mais: "Não haverá um processo democrático que produz o povo se não houver o reconhecimento dos atores políticos de que os controles não são espaços de negociação de interesses privados, mas espaços públicos de debates". Trabalhos como este aumentam o nível de informação e a qualidade do debate, projetando luz e injetando ânimo para percorrer o caminho do amadurecimento institucional e da elevação do patamar civilizatório entre nós.

E aqui saio do caminho. Este livro, simples nas suas formulações e luminoso no seu conteúdo, marca o início da trajetória acadêmica vitoriosa de seu autor. Vem à luz com o Joaquim, fruto da parceria do autor com Carolina, ambos trazendo o toque de afetividade indispensável à vida boa. Pedro Vieira Abramovay faz parte de uma geração bem formada, talentosa e ousada que mudará o Brasil pelo idealismo, conhecimento e escolhas adequadas.

Luís Roberto Barroso
Professor Titular de Direito Constitucional da Universidade
do Estado do Rio de Janeiro (UERJ)

Sumário

Introdução

O princípio da separação de Poderes possui uma história no mínimo intrigante. Se durante as revoluções burguesas ele alcança uma identidade com o próprio conceito de constituição,[1] ao longo de parte dos séculos XIX e XX o princípio é tratado praticamente como um resquício histórico sem efeito prático.[2]

Entretanto, a teoria democrática contemporânea redimensiona o conteúdo da separação de Poderes, conferindo a este princípio um papel crucial na conciliação entre soberania popular e garantia de direitos e na constituição de uma democracia plural.

Muito se tem estudado e discutido sobre esse novo papel da separação de Poderes no constitucionalismo contemporâneo. No entanto, é certo que essa discussão tem se concentrado, sobretudo, na legitimidade do controle de constitucionalidade de normas realizado pelo Judiciário. O alvo do debate é, portanto, a relação entre os Poderes Legislativo e Judiciário.

Este trabalho volta sua atenção ao princípio da separação de Poderes no que se refere à relação entre o Legislativo e o Executivo. E, no caso brasileiro, não há dúvidas de que para compreender a

1. De acordo com o art. 16 da Declaração de Direitos do Homem e do Cidadão de 1789: "A sociedade em que não esteja assegurada a garantia dos direitos nem estabelecida a separação dos poderes não tem Constituição".
2. Paulo Bonavides fala em "abandoná-lo ao museu da Teoria do Estado" (*Do Estado liberal ao Estado Social.* 6. ed. São Paulo: Malheiros, 1996. p. 63).

relação entre esses Poderes é fundamental discutir a utilização das medidas provisórias pelo Presidente da República.

O objetivo deste trabalho é, portanto, estudar a edição de medidas provisórias no Brasil contemporâneo para compreender o seu papel na conformação do princípio da separação de Poderes no Brasil, particularmente na relação entre os Poderes Executivo e Legislativo.

As medidas provisórias constituem interessante objeto de estudo – mesmo tratando-se de assunto amplamente debatido desde a promulgação da Constituição de 1988[3] –, pois o que se pode notar é que a análise que, em geral, se produz sobre a sua edição no Brasil é alicerçada em uma discussão sobre o conceito de separação de Poderes muito mais superficial do que aquela que embasa, por exemplo, o debate sobre o controle de constitucionalidade.

Verifica-se que as críticas sobre a utilização das medidas provisórias – sobretudo as que se referem ao seu abuso – quase sempre se vinculam ao princípio da separação de Poderes para justificar o ataque ao Executivo, que estaria, ao editá-las, extrapolando os limites de sua atuação ao usurpar funções do Legislativo.

A proposta deste trabalho é compreender esse fenômeno a partir do amplo debate teórico que, desde o século XVII, estruturou o significado da doutrina da separação de Poderes para as democracias contemporâneas, em vez de desconsiderá-lo, o que poderia levar a uma análise inconsistente dessa relação entre os poderes e seus reflexos na edição de medidas provisórias pelo Executivo.

A leitura da edição de medidas provisórias, a partir de uma concepção sobre a separação de Poderes que não represente uma divisão estanque de funções, afasta a visão simplista de que o Executivo não pode legislar por ser esta uma função exclusiva do Legislativo. A análise deve ser mais profunda e, como se verá, os problemas que existem na edição das medidas provisórias não dizem respeito a uma usurpação do poder de legislar, mas a uma falta de abertura do processo legislativo como um todo – não apenas das medidas provisórias – para a participação popular e para a criação de mecanismos que possibilitem a real superação da ideia de povo como símbolo de legitimação da política, e não como sujeito ativo do exercício do poder.

3. Por exemplo: Caio Tácito. As medidas provisórias na Constituição de 1988. *Revista de Direito Público*, v. 22, n. 90, p. 50-56, abr.-jun. 1989.

O trabalho parte de algumas visões críticas já consolidadas no debate público brasileiro sobre as medidas provisórias. Mais especificamente sobre a forma como as medidas provisórias se relacionam com o princípio da separação de Poderes, consagrado expressamente nos arts. 2º e 60, § 4º, da Constituição Federal.[4] Este diálogo é feito a partir de uma investigação teórica e de uma pesquisa empírica que propõem uma nova leitura sobre essa relação.

Para isso, o trabalho dialoga com dois tipos de crítica que se consolidaram no debate público nacional referentes à maneira como as medidas provisórias são utilizadas no Brasil contemporâneo. Como se verá, os argumentos que embasam cada uma dessas críticas têm direções radicalmente opostas.

A primeira crítica, e talvez a mais difundida, é que há, hoje, uma usurpação pelo Executivo do poder do Legislativo de legislar, decorrente do abuso de medidas provisórias editadas.

Essa crítica, que pode ser muito bem compreendida no voto do Ministro do Supremo Tribunal Federal, Celso de Mello, na decisão em Medida Cautelar no Mandado de Segurança nº 27931-1/DF, ao fazer a seguinte afirmação:

> Quero registrar desde logo, uma vez mais, a minha extrema preocupação [...] com o excesso de medidas provisórias que os sucessivos Presidentes da República têm editado, transformando a prática extraordinária dessa competência normativa primária em exercício ordinário do poder de legislar.

O Ministro, neste mesmo voto, aponta a existência de

> [...] um processo progressivo (e perigoso) de esvaziamento das funções legislativas, que devem residir, primariamente, como típica função da instituição parlamentar, no Congresso Nacional em ordem a neutralizar ensaios de centralização orgânica capazes de submeter, ilegitimamente, o Parlamento à vontade unipessoal do Presidente da República, cuja hegemonia no processo legislativo tende, cada vez mais, a inibir o poder de agenda do Legislativo, degradando-o, enquanto instituição essencial ao regime democrático, à condição de aparelho estatal inteiramente subordinado aos desígnios do Executivo,

4. Art. 2º São Poderes da União, independentes e harmônicos entre si, o Legislativo, o Executivo e o Judiciário. Art. 60, § 4º Não será objeto de deliberação a proposta de emenda tendente a abolir: [...] III – a separação dos Poderes.

precisamente em decorrência da prática imoderada do poder de editar medidas provisórias.

No mesmo sentido, Friedrich Müller afirma que

> Uma práxis abusivamente estendida de medidas provisórias enfraquece de forma assustadora a responsabilidade da representação popular e a moral dos partidos políticos. Ela desdemocratiza por via administrativa [*auf kaltem Weg*] atrás dos bastidores.[5]

O ponto de partida desta crítica é, portanto, o de que a medida provisória é instrumento absolutamente extraordinário e, consequentemente, o seu uso cotidiano desvirtua o princípio da separação de Poderes, que atribui ao Legislativo o poder de legislar.

A outra crítica às medidas provisórias, também recorrente na doutrina, diz respeito à transitoriedade da medida provisória e à insegurança jurídica que esta condição lhe propicia. Nesse sentido, prefere-se o modelo do decreto-lei previsto na Constituição de 1967. Para Sergio Rezende de Barros,

> [...] a comparação entre os anteriores decretos-lei e as medidas provisórias atuais não mostra nenhuma vantagem para estas. Em nenhum aspecto. No aspecto da segurança jurídica, a medida provisória é bem mais negativa do que o decreto-lei. Nunca se sabe se será convertida em lei ou não, nem quais direitos subjetivos gerará e em quais condições.[6]

Para esses autores, a medida provisória, por se submeter, necessariamente, ao Congresso Nacional e, portanto, poder ser alterada antes de se tornar norma permanente, gera uma instabilidade que aumenta a insegurança jurídica do País.

5. Friedrich Müller. Medidas provisórias no Brasil e a experiência alemã. In: Eros Roberto Grau; Willis Santiago Guerra Filho (Org.). *Direito constitucional*: estudos em homenagem a Paulo Bonavides. 2. ed. São Paulo: Malheiros, 2001. p. 349.

6. Sergio Rezende de Barros. Medidas, provisórias? Disponível em: <http://www.srbarros.com.br/pt/medidas---provisorias-.cont>. Acesso em: 31 jan. 2010. No mesmo sentido: José Levi Mello do Amaral Júnior. *Medida provisória e a sua conversão em lei*: a Emenda Constitucional n. 32 e o papel do Congresso Nacional. São Paulo: RT, 2004. p. 208.

Para dialogar com essas duas críticas é importante, em primeiro lugar, compreender o sentido do princípio da separação de Poderes nas democracias contemporâneas. Só a partir da compreensão sobre quais as implicações que a adoção deste princípio gera para a leitura da Constituição é que se poderá avaliar como se encaixam as medidas provisórias neste modelo.

A partir desta compreensão, é essencial que o debate não permaneça apenas no plano teórico, mas que se verifique empiricamente como os Poderes se relacionam no processo iniciado pela edição de uma medida provisória. Tão somente com a análise de dados empíricos que se poderá chegar à conclusão sobre se há ou não abuso do poder de legislar no Brasil.

O trabalho é dividido em três capítulos.

No primeiro capítulo inicia-se a análise teórica pela diferença que existe entre o conceito de governo misto, trabalhado na Antiguidade e na Idade Média, e a separação de Poderes com freios e contrapesos, criação moderna. Percebe-se o governo misto um desenho institucional para a manutenção do *status quo*, e o sistema de freios e contrapesos, ao contrário, uma possibilidade de avanços e transformações da sociedade.

Posteriormente, comentam-se as críticas realizadas ao princípio da separação de Poderes durante os séculos XIX e XX. Tais críticas têm por foco a indivisibilidade da soberania estatal e o imobilismo que os controles mútuos geram.

Por fim, discute-se como a teoria democrática contemporânea supera essas críticas e resgata a separação de Poderes como instrumento imprescindível para a existência de uma democracia plural que possa conviver com a garantia de direitos fundamentais.

No segundo capítulo, a análise se volta, especificamente, para a relação entre os Poderes Legislativo e Executivo[7] na produção legislativa. Para isso são discutidos, em primeiro lugar, alguns conceitos da ciência política como poder de agenda, *veto players* e eficiência democrática.

Em seguida, examina-se cada um dos instrumentos legislativos que o Executivo propõe, a fim de se compreender, para além das medidas provisórias,

7. Este estudo optou por concentrar-se na análise das medidas provisórias apenas do ponto de vista da relação entre os Poderes Legislativo e Executivo. É fato que a participação crescente do Judiciário no controle da edição de medidas provisórias é relevante para o debate, entretanto o foco na maneira como os dois Poderes analisados lidam com o tema é suficientemente abrangente para o escopo deste trabalho e, como se verá, traz resultados interessantes para a discussão proposta.

qual o desenho constitucional que foi dado à relação entre o Executivo e o Legislativo.

Finalmente, discutem-se especificamente as disposições constitucionais acerca da edição das medidas provisórias.

No último capítulo, a partir da discussão teórica dos dois capítulos anteriores, é realizada uma análise empírica para examinar como é, de fato, a relação entre os Poderes Executivo e Legislativo no processo legislativo iniciado com a edição de uma medida provisória. O foco desta análise é investigar se o Congresso Nacional é mero espectador deste processo, havendo, portanto, clara usurpação do poder legislar, ou se, a partir da edição de uma medida provisória, estabelece-se um diálogo entre os Poderes, com controles mútuos, que esteja de acordo com o significado contemporâneo da separação de Poderes.

O que essa análise nos mostra é que as medidas provisórias, tratadas como protagonistas da distorção do significado da separação de Poderes em 1988, talvez tenham sido injustiçadas nestes últimos anos – sobretudo após a Emenda Constitucional nº 32 –, o que não significa que a forma como o princípio da separação de Poderes tem sido aplicado no Brasil esteja, do ponto de vista da relação entre o Legislativo e Executivo, à altura da missão que lhe foi conferida pela teoria democrática contemporânea.

1

O sentido contemporâneo da separação de Poderes

É muito comum a separação de Poderes ser tratada como sinônimo de freios e contrapesos (*checks and balances*), apesar de serem conceitos que apareceram em momentos históricos muito diferentes e com significados também distintos.

É importante analisar o que esses conceitos significaram em cada época histórica. Para Niklas Luhmann, "Mediante uma análise aprofundada das questões de política dos conceitos e das inovações semânticas pode-se facilmente reconhecer como as mutações revolucionárias justificaram os usos linguísticos inovadores".[1] Portanto, uma interpretação do princípio da separação de Poderes deve sempre levar em conta a formação histórica do conceito de separação de Poderes, sob pena de se construir uma interpretação oposta à real finalidade deste mecanismo constitucional.

Portanto, o objetivo deste capítulo é compreender como o surgimento do significado de freios e contrapesos está vinculado a um objetivo de transformação da sociedade tão presente nas revoluções dos séculos XVII e XVIII.

Há uma importante diferença entre as construções teóricas acerca dos mais variados desenhos institucionais que, de alguma maneira, estabelecem uma separação de Poderes. A principal delas é entre

1. Niklas Luhmann. *A Constituição como aquisição evolutiva*. Tradução de Menelick de Carvalho Netto, Giancarlo Corsi e Raffaele De Giorgi, p. 2. No prelo.

aquilo que, a partir de Aristóteles,[2] passou a ser chamado de governo misto e o modelo que surge com a modernidade, de freios e contrapesos.

Apesar de ambos os modelos dividirem os poderes do Estado entre órgãos distintos, a finalidade dessa separação é radicalmente diferente ou talvez até oposta em um caso e em outro. Entretanto, é comum observar um tratamento deste processo como uma evolução histórica contínua, ou seja, a ideia de que a separação de Poderes contemporânea seria o resultado de uma evolução do modelo proposto por Aristóteles. Essa percepção desconsidera que os objetivos da separação de Poderes passaram por uma profunda transformação na idade moderna. Não reconhecer essa transformação é um dos maiores obstáculos para a compreensão do significado da separação de Poderes nas constituições contemporâneas.

É justamente para que a análise constitucional sobre o significado da separação de Poderes possa ser feita de maneira adequada que serão exploradas neste capítulo as diferenças entre as justificativas dos desenhos institucionais apresentadas na Antiguidade e na Idade Média e aquelas que aparecem a partir da modernidade.

Além disso, é necessário analisar a evolução do conceito – sempre a partir da realidade política de cada época – e as críticas a ele feitas, a fim de que se possa ter uma compreensão adequada sobre a maneira como este mecanismo deve ser utilizado para uma interpretação constitucional adequada.

1.1. Separação de Poderes: do governo misto aos freios e contrapesos

1.1.1. Governo misto

A ideia de uma divisão de Poderes aparece já na Política de Aristóteles, com a defesa de um governo misto, pressupondo funções distintas a atores diferentes no processo político. No entanto, é importante entender os objetivos de Aristóteles. Sua conhecida classificação de regimes entre monarquia/tirania, aristocracia/oligarquia e democracia/demagogia pressupunha uma natural degeneração dos tipos de governo, e, para evitar essa degeneração, Aristóteles propõe um governo com elementos de cada tipo, um governo

2. Aristóteles. *A política*. p. 79 e s. Disponível em: <http://www.scribd.com/doc/4922845/aristoteles-a-politica>. Acesso em: 31 jan. 2010.

misto. Os controles colocados à natural tendência de abuso de poder tinham por escopo a manutenção dos regimes virtuosos. A noção de equilíbrio decorrente do governo misto está, portanto, muito vinculada à ideia de manutenção de um regime, de evitar a sua degeneração.

Maurizio Fioravanti afirma:

> *[...] el ideal de la constitución mixta ya habia sido afirmado por los antiguos, en los términos de un gran proyecto de conciliación social y política , capaz de disciplinar las respectivas funciones del gobernante, de los estamentos aristocráticos, de las fuerzas populares. La constitución mixta representaba la respuesta de los antiguos a la posibilidad, profundamente temida por ellos, de la crisis y de la disolución de la comunidad política.*[3]

O conceito de governo misto continua a se desenvolver no debate político da Idade Média, tendo seu momento mais rico não exatamente na discussão do poder secular dos reis, mas no debate sobre o Poder Eclesiástico. O movimento conciliarista, ao discutir a submissão do poder dos Papas aos concílios da Igreja, reconstrói o debate sobre as maneiras de se controlar o poder da autoridade instituída. O historiador Quentin Skinner afirma que conciliaristas como Gerson criam uma imagem da Igreja como monarquia limitada agindo por meio de uma assembleia representativa.[4] Essa ideia fica clara em Guilherme de Ockham que, no *Brevilóquio do Poder Papal*, assevera que o Papa "tem autoridade de Deus apenas para preservar, e não para destruir".[5]

O grande objetivo do movimento conciliarista era evitar que um Papa com poder demais pudesse justamente atentar contra o *status quo* do clero. A divisão ou equilíbrio de Poderes teria o propósito, como dito acima, de "preservar" e impedir grandes transformações.

Para Fioravanti, a constituição mista da Idade Média tem por finalidade acomodar a pluralidade de forças existentes na época e evitar *"el nacimiento de un poder público que rompa este equilibrio, que se sienta legitimado para alimentar sin medida pretensiones de dominio"*.[6]

---

3. Maurizio Fioravanti. *Constitución*: de la antiguedad a nuestros dias. Madrid: Trotta, 2001. p. 55.
4. Quentin Skinner. *As fundações do pensamento político moderno*. São Paulo: Cia. das Letras, 1996. p. 323.
5. Apud Quentin Skinner. Idem, p. 320.
6. Maurizio Fioravanti. *Constitución*: de la antiguedad a nuestros dias. Madrid: Trotta, 2001. p. 56.

Norberto Bobbio nota que na Idade Média havia uma concepção negativa de Estado.

> Grande parte das teorias medievais sobre o Estado [...] apresenta uma concepção negativa do Estado. Considero "concepção negativa de Estado" a que lhe atribui a função essencial de remediar a natureza má do homem, vendo-o sobretudo como uma dura necessidade, considerando-o particularmente no seu aspecto repressivo (simbolizado pela espada) [...] Para quem postula a natureza má do homem (o homem depois da queda, o homem do pecado original) a finalidade do Estado não é promover o bem, mas exclusivamente controlar com a espada da justiça o desencadeamento das paixões que tornariam impossível qualquer convivência pacífica. Quem provê a salvação do homem não é o Estado, mas a Igreja.[7]

Assim, o que se percebe é que a noção de controle do abuso de poder, presente desde a Antiguidade e desenvolvida de maneira mais sofisticada na Idade Média, não é a inovação trazida, no final do século XVII, por esse conceito de separação de Poderes com um sistema de freios e contrapesos.

Todas essas teorias desenvolvidas até o século XVII têm em comum a ideia de que é necessário haver algum tipo de controle do poder para que se possa conservar a correlação de forças existentes dentro de uma sociedade. Ou seja, a busca pelo equilíbrio, pela moderação, tão presente em todos estes textos, é claramente incompatível com um movimento de ruptura com as tradições e de constante progresso que aparece no início da modernidade.

Portanto, é fundamental que se estude o que fez com que a divisão ou equilíbrio de Poderes, uma ideia até então claramente destinada à conservação, ao embarreiramento de mudanças, ganhasse um papel tão crucial nas revoluções burguesas dos séculos XVII e XVIII, que tinham justamente o espírito de transformações e inovações.

O que de fato ocorre é que nesse período aparece um conceito novo: freios e contrapesos que transformam completamente o sentido da ideia de governo misto da separação de Poderes.

7. Norberto Bobbio. *A teoria das formas de governo na história do pensamento político.* Tradução de Sergio Bath, Brasília, UnB, 1980. p. 68.

1.1.2. Freios e contrapesos: a inovação das revoluções burguesas

As revoluções burguesas dos séculos XVII e XVIII produzem como resultado a própria noção de constituição moderna.[8] É digno de nota que um dos pontos em comum de todas as constituições modernas seja a incorporação da ideia de separação de Poderes. É como se o art. 16 da Declaração de Direitos do Homem e do Cidadão de 1789 ("A sociedade em que não esteja assegurada a garantia dos direitos nem estabelecida a separação dos Poderes não tem Constituição") soasse como uma profecia.

Para Luhmann, uma das principais inovações para o direito a partir das revoluções burguesas (e do conceito de constituição) é a criação de um direito aberto para o futuro:

> Talvez a inovação mais profunda consista na adaptação a uma transformação das estruturas temporais do sistema social que só se verifica a partir da segunda metade do século XVI; e, obviamente, isso tampouco é objeto de um artigo positivado da Constituição. A nova unidade de autorreferenciabilidade e de heterorreferenciabilidade em um espaço metalógico (imaginário, não suscetível de normativização) que fecha o sistema, tem como consequência uma transposição/superação das perspectivas temporais. No lugar do passado coloca-se a abertura para o futuro (*Zukunftsoffenheit*). A abertura para o passado significa que qualquer argumento histórico mediante o qual seja possível afirmar direitos ou provar que determinada regra jurídica vale desde tempos imemoriais é levado em conta. A abertura para o futuro significa, ao contrário, que o direito prevê a sua própria modificabilidade limitando-a juridicamente, sobretudo mediante disposições procedimentais mas também mediante a abertura da legislação à influência política. Todo o direito é submetido ao controle de constitucionalidade e o velho direito torna-se facilmente obsoleto em face do novo direito positivado de acordo com a Constituição. O passado é desonerado pela função de horizonte de legitimações imaginárias a ser atribuída à pesquisa histórica. Agora é o futuro que, por sua vez, atua no espaço imaginário em que deve ser constantemente reproduzida a unidade de autorreferenciabilidade e de heterorreferenciabilidade no direito. E essa

8. Niklas Luhmann. *A Constituição como aquisição evolutiva*. Tradução de Menelick de Carvalho Netto, Giancarlo Corsi e Raffaele De Giorgi, p. 1-2. No prelo.

unidade é alcançada sem que seja necessária tematização constitucional do acoplamento estrutural dos sistemas jurídico e político.[9]

Ora, é a partir dessa abertura para o futuro que temos que entender a criação do conceito de freios e contrapesos. A necessidade de limitação de poder, que aparece em movimentos que surgem para combater o absolutismo, não poderia significar um imobilismo ou um retrocesso.[10] Fazia-se necessária a criação de um mecanismo que possibilitasse uma limitação de poderes que gerasse uma abertura para o futuro.

A compreensão da possibilidade do surgimento de um conceito de separação de Poderes que não significasse uma estrutura de preservação e conservação, mas sim um mecanismo de limitação de poderes que gerasse uma permanente transformação da sociedade, fica clara com a análise mais cuidadosa dos textos da época.

O primeiro ambiente que forja este conceito moderno de separação de Poderes é a Inglaterra do século XVII. Poderíamos analisar vários textos. Por exemplo, *A treatise of monarchy*, de Philipp Hunton de 1640;[11] *The Excelence of Free State*, de Marchamont Nedham de 1656;[12] ou a mais co-

9. Niklas Luhmann. *A Constituição como aquisição evolutiva*. Tradução de Menelick de Carvalho Netto, Giancarlo Corsi e Raffaele De Giorgi, p. 15-16. No prelo.

10. A análise que Althusser faz de Montesquieu (Louis Althusser. *Montesquieu, a política e a história*. Tradução de Luiz Cary e Luiza Costa. 2. ed. Portugal: Martins Fontes, 1977) aponta para o fato de que não necessariamente a intenção dos filósofos da época era a de promover alterações estruturantes do *status quo*. Althusser situa Montesquieu como nobre que procura elementos para a preservação da nobreza a partir da experiência inglesa. Entretanto, a análise que se pretende, neste trabalho, fazer da teoria produzida nesta época está relacionada à herança que foi deixada para a construção da democracia contemporânea. E, neste sentido, seguimos com a importância, trazida no trecho de Luhmann citado acima, do desenho institucional – porque construído – de abertura para o futuro como grande contribuição da modernidade para o direito constitucional contemporâneo.

11. Para Hunton, sobre o governo misto com elementos democráticos e aristocráticos: *"if the monarch invade the power of the other two, or run in any course tending to the dissolving of the constituted frame, they ought to employ their power in this case to preserve the state from ruin; yea that is the very end and fundamental aim in constituting all mixed policies: not that they by crossing and jarring should hinder the public good; but that, if one exorbitate, the power of restraint and providing for the public safety should be in the rest: and the power is put into divers hands, that one should counterpoise and keep even the other: so that for such other estates, it is not only lawful to deny obedience and submission to illegal proceedings, as private men may, but it is their duty, and by the foundations of the government they are bound to prevent dissolution of the established frame"*. Philip Hunton. *A Treatise of Monarchy*. Apud David Wooton. Liberty, Metaphor, and Mechanism: "checks and balances" and the origins of modern constitutionalism. Disponível em: <http://www.constitution.org/lg/check_bal.doc>. Acesso em: 31 jan. 2010.

12. *"If the Law-makers (who ever have the Supream Power) should be also the constant Administrators and Dispencers of Law and Justice, then (by consequence) the People would be left without Remedy, in*

nhecida entre nós – o Segundo Tratado Sobre o Governo Civil, de John Locke, de 1689.

No entanto, há dois autores que são muito pouco adotados no Brasil e possuem uma enorme relevância para o debate sobre freios e contrapesos: John Trenchard e Walter Moyle. David Wooton[13] aponta que é com esses dois autores que finalmente a ideia de *checks and balances* realmente aparece. E Wooton traz uma tese particularmente interessante para que se possa compreender como foi possível que se emprestasse um significado tão novo à separação de Poderes. Para Wooton, a ideia de freios e contrapesos que possam fazer um determinado sistema caminhar adiante – e não apenas se equilibrar – só faz sentido com o desenvolvimento da mecânica moderna.

Até a mecânica moderna, o conceito de equilíbrio dinâmico era desconhecido. Não era possível imaginar um mecanismo que, a partir de forças opostas, pudesse caminhar para frente. Assim, este desenvolvimento conceitual no campo da física teria inspirado um mecanismo de equilíbrio de forças (políticas) compatível com a abertura para o futuro que marca o período.

A relação entre os filósofos modernos e a física clássica não é novidade. O famoso encontro entre Hobbes e Galileo em 1636 é o maior símbolo desta relação. Jürgen Habermas afirma que Hobbes "*desea revolucionar la doctrina clásica de la política según el modelo de la ciencia moderna, esto es, fundamentar la filosofía social en la forma de la física contemporánea*".[14] Neumann, em seu trabalho sobre Montesquieu, sustenta que "Sua sede insaciável pelo saber fazia que cada vez se estendesse mais no campo científico, ainda havendo até hoje um grande número de trabalhos seus sobre Física, Fisiologia Geologia e outras ciências naturais".[15] Bobbio segue no mesmo sentido ao asseverar que "poder-se-ia dizer que Montesquieu pretende considerar o universo do homem como o físico considera o universo natural".[16]

case of Injustice, since no Appeal can lie under Heaven against such as have the Supremacy." Machamont Nedham. The excelencie of a free-state. Disponível em: <http://press-pubs.uchicago.edu/founders/documents/v1ch10s2.html>. Acesso em: 31 jan. 2010.

13. David Wooton. Liberty, Metaphor, and Mechanism: "checks and balances" and the origins of modern constitutionalism. Disponível em: <http://www.constitution.org/lg/check_bal.doc>. Acesso em: 31 jan. 2010.

14. Jürgen Habermas. *Teoría y práxis*: estudios de filosofía social. Madrid: Tecnos, 1987. p. 77.

15. Franz Neumann. *Estado Democrático e Estado Autoritário.* Rio de Janeiro: Zahar, 1996. p. 111.

16. Norberto Bobbio. *A teoria das formas de governo na história do pensamento político.* Tradução de Sergio Bath. Brasília: UnB, 1980. p. 118.

Essa relação entre o desenvolvimento da mecânica e sua aplicação ao sistema político fica evidente nos trechos em que Wooton trata dos autores mencionados. Em *An Argument Showing That A Standing Army Is Inconsistent With A Free Government* (1697), Trenchard e Moyle afirmam que o objetivo deles é *"to put in motion this machine of our government, and to make the springs and wheels of it act naturally and perform their function"*. Em *Short History of Standing Armies* (1698), Trenchard diz que *"a government is a mere piece of clockwork, and having such springs and wheels, must act after such a manner: and there the art is to constitute it so that it must move to the public advantage"*. O segredo é *"to make the interest of the governors and the governed the same"*, *"and then our government will act mechanically, and a rogue will as naturally be hanged as a clock strike twelve when the hour has come"*. Moyle, em *An Essay on the Lacedaemonian Government*, argumenta que a melhor constituição vem de *"a proper distribution of power into several branches, in the whole composing as it were one great machine, and each grand branch was a check upon the other; so that not one of them could exceed its just bounds"*.[17]

Desse modo, não é possível desprezar a correlação entre o conceito de freios e contrapesos (uma ideia que traz em si uma imagem muito concreta) e a evolução da mecânica moderna. Pode-se notar algo de novo em toda a teoria sobre separação de Poderes a partir do século XVIII. O sistema de controle de que se fala não pode ser visto como um sistema que funcione apenas para frear a tirania, mas é preciso considerar, como um elemento tão importante quanto o combate ao arbítrio, a necessidade de que este freio não gere imobilismo e possibilite o avanço da sociedade.

Marcos Faro chama a atenção para o fato de que

> O resultado da Separação de Poderes é, segundo Montesquieu, não a paralisia institucional, mas sim uma peculiar dinâmica do processo político, em

17. Walter Moyle. The Whole Works of Walter Moyle. Disponível em: <http://books.google.com.br/books?id=K48BAAAAMAAJ&pg=PA59&lpg=PA59&dq=%22proper+distribution+of+power+into+several+branches,+in+the+whole+composing+as+it+were+one+great+machine%22&source=bl&ots=kkCAuWZ5Zo&sig=3NdUADPieofHoBIXCQY9axQ7Uaw&hl=pt-BR&ei=fvZlS9WwEY-YtgfR_KWuBg&sa=X&oi=book_result&ct=result&resnum=1&ved=0CAcQ6AEwAA#v=onepage&q=%22proper%20distribution%20of%20power%20into%20several%20branches%2C%20in%20the%20whole%20composing%20as%20it%20were%20one%20great%20machine%22&f=false>. Acesso em: 31 jan. 2010.

> que permanece inviável o uso instrumental do poder a serviço de qualquer concepção concreta de ordem, valorizada como um bem exclusivamente por um indivíduo ou grupo social em detrimento de outros. Assim, para Montesquieu, estando distribuídos entre diferentes pessoas ou corpos de magistratura distintos, "estes três poderes [de legislar, de executar e de julgar] deveriam formar um repouso ou uma inação". Porém, observa o autor "como pelo movimento necessário das coisas, eles são impulsionados a agir, eles serão forçados a se mover de maneira concertada".[18]

Este conceito de oposição de forças para o progresso da sociedade também aparece de maneira nítida no clássico *paper 51* dos Federalistas. Wooton afirma que

> *Unlike Montesquieu, Madison did not imagine that the various organs of government could be required to act in concert; rather he envisaged a system where the conflict between the organs of government would have unintended consequences that were beneficial to the public.*[19]

A influência da física newtoniana na constituição americana – e, mais especificamente, na construção do mecanismo de separação de Poderes americano – é amplamente discutida na literatura. Michael Foyle, em seu livro *Laws, Men and Machines:* Modern American Government and the appeal of the Newtonian mechanism, fala em uma *"mechanistic tradition in American politics"*.[20]

Há uma passagem de John Adams na qual fica patente a influência da física newtoniana como argumento no sentido de que forças opostas podem levar ao avanço da sociedade. Os críticos da divisão do Poder Legislativo em duas câmaras haviam usado uma metáfora de uma carroça que quer descer uma montanha, porém existe uma outra força puxando-a para trás. Adams pede a esses críticos que pensem em

18. Marcus Faro de Castro. *Política e relações internacionais*. Brasília: Ed. UnB, 2005. p. 65.
19. David Wooton. Liberty, Metaphor, and Mechanism: "checks and balances" and the origins of modern constitutionalism, p. 49. Disponível em: <http://www.constitution.org/lg/check_bal.doc>. Acesso em: 31 jan. 2010.
20. Michael Foyle. *Laws, Men and Machines*: Modern American Government and the appeal of the Newtonian mechanism. Nova York: Routledge, 1990. p. 7.

[...] those attractions and repulsions by which the balance of nature is preserved; or to those centripetal and centrifugal forces by which the heavenly bodies are continued in their orbits, instead of rushing to the sun, or flying off in tangents among comets and fixed stars; impelled or drawn by different forces in different directions, they are blessings to their own inhabitants and the neighboring systems; but if they were drawn only by one, they would introduce anarchy wherever they should go.

E Adams termina afirmando:

The weight of the load itself would roll the wagon on the oxen and the cattle on one another, in one scene of destruction, if the forces were not divided and the balance formed; whereas, by checking one power by another, all descend the hill in safety, and avoid the danger. It should be remembered, too, that it is only in descending uncommon declivities that this division of strength becomes necessary. In travelling in ordinary plains, and always in ascending mountains, the whole team draws together, and advances faster as well as easier on its journey; it is also certain, there are oftener arduous steeps to mount, which require the united strength of all, with all the skill of the director, than there are precipices to descend, which demand a division of it.[21]

O constitucionalista e ex-presidente dos Estados Unidos, Wodrow Wilson, também comenta a influência newtoniana na formação da constituição daquele país:

The Constitution of the United States had been made under the dominion of the Newtonian Theory. You have only to read the papers of The Federalist to see that fact written on every page. They speak of the "checks and balances" of the Constitution, and use to express their idea the simile of the organization of the universe, and particularly of the solar system – how by the attraction of gravitation the various parts are held in their orbits; and then they proceed to represent Congress, the Judiciary, and the President as a sort of imitation of the solar system.

21. John Adams. The Works of John Adams, v. 4 (Novanglus, Thoughts on Government, Defence of the Constitution). Disponível em: <http://oll.libertyfund.org/index.php?option=com_staticxt&staticfile=show.php%3Ftitle=2102&layout=html>. Acesso em: 31 jan. 2010.

> *They were only following the English Whigs, who gave Great Britain its modern constitution. Not that those Englishmen analyzed the matter, or had any theory about it; Englishmen care little for theories. It was a Frenchman, Montesquieu, who pointed out to them how faithfully they had copied Newton's description of the mechanism of the heavens.*
> *The makers of our Federal Constitution read Montesquieu with true scientific enthusiasm. They were scientists in their way – the best way of their age,—those fathers of the nation. Jefferson wrote of "the laws of Nature" – and then by way of afterthought – "and of Nature's God". And they constructed a government as they would have constructed an orrery – to display the laws of nature.* ***Politics in their thought was a variety of mechanics****. The Constitution was founded on the law of gravitation. The government was to exist and move by virtue of the efficacy of "checks and balances".*

Essa influência da física newtoniana sobre a constituição americana é tão debatida que há autores inclusive que criticam o tipo de interpretação que essa relação intensa tem gerado. Para Bernard Cohen, a noção de *balance* presente no pensamento de Adams se relaciona muito mais com a descoberta da circulação do sangue do que com as ideias newtonianas: *"There can be no doubt that Adams was aware that the concept of balance had come into current political thought in a biological and not a physical context, well before the creation of Newtonian science".*[22]

Neumann é muito claro ao apontar que a grande preocupação de Montesquieu era a mudança social.[23] O filósofo alemão afirma que, para Monstesquieu, como "o poder ilimitado é coisa impossível, a luta para ele resulta em tendências contrárias que, por sua vez, causam mudanças na estrutura".[24]

Com a análise desses textos, e do momento histórico em que o conceito de *checks and balances* surgiu, fica clara a enorme diferença entre a proposição de um governo misto que aparece na Antiguidade e na Idade Média, com o objetivo de limitar o poder, desde que essa limitação tendesse à preservação do *status quo* e impedisse transformações sociais relevantes, e o

22. I. Bernard Cohen. *Science an the Founding Fathers*: science in the political thought of Jefferson, Franklin, Adams & Madison. New York: Norton, 1997. p. 218.
23. Franz Neumann. *Estado Democrático e Estado Autoritário.* Rio de Janeiro: Zahar, 1996. p. 135.
24. Idem, ibidem, p. 135.

conceito de freios e contrapesos. Este último é fruto de um processo que só poderia ter surgido no contexto histórico dos séculos XVI e XVII, a partir da influência da física newtoniana, apresentando como grande novidade a crença na possibilidade da invenção de mecanismos institucionais que pudessem limitar o poder (como não poderia deixar de ser no contexto de oposição ao absolutismo), ao mesmo tempo que propiciasse a abertura para o futuro de que fala Luhmann, ou a própria ideia de mudança social, tão cara aos filósofos da época.

1.2. As críticas à separação de Poderes

Se, como dissemos anteriormente, é verdade que o princípio da separação de Poderes está de alguma forma presente em todas as constituições a partir do final do século XVIII, isso não significa que ele não tenha sofrido severas críticas. Ao longo do século XIX e no início do século XX, constitucionalistas da época pareciam inclusive anunciar que o conceito de separação de Poderes estava destinado aos livros de história. A análise dessas críticas tem por principal objetivo perceber os riscos trazidos por algumas leituras realizadas sobre o princípio da separação de Poderes, e, no próximo item, será possível, a partir da compreensão de como essas críticas foram superadas, propor uma leitura que diminua esses riscos e incorpore o debate histórico sobre o tema.

Esse autores (poderíamos citar Duguit, Carré de Malberg, Georg Meyer, Laferrière, Barthélemy, entre outros) possuem um olhar bastante crítico à ideia de separação de Poderes. Para Michel Troper,

> *Ils formulent à l'égard de la séparation des pouvoirs, un certain nombre de critiques. D'ordre politique d'abord: la séparation des pouvoirs, en opposant les autorités peur mener à l'immobilisme ou aux coups d'État. Sur le plan juridique: d'une part, la théorie de la séparation serait contraire au principe de l'unité et de l'indivisibilité de la souverainité; d'autre part, elle contiendrait une contradiction dans les termes, car les fonctions étant hiérarchisées, cette hiérarchie ne peut qu'entraîner une hiérarchie correpondante des organes.*[25]

---

25. Michel Troper. *La Séparation dês Pouvoirs e l'Histoire constitutionnelle française.* Paris: LGDJ, 1980. p. 12.

No tocante à primeira crítica mencionada por Troper, jurídica, ou seja, à crítica do ponto de vista da divisão da soberania, trata-se de uma perspectiva muito natural sustentada por estes constitucionalistas que, como no caso de Carré de Malberg, tinham uma visão positivista sobre o Estado ao defender a noção de que a construção da ideia de nação e de soberania era incompatível com qualquer tipo de divisão. Para Carré de Malberg:

> *La nation est donc souveraine, en tant que collectivité unifiée, c'est-à-dire en tant qu'entité collective, qui, par là même qu'elle est le sujet de la puissance et des droits étatiques, doit être reconnue comme une personne juridique ayant une individualité et un pouvoir à la fois supérieurs aux nationaux et indépendants d'eux.*[26]

Fioravanti aponta como exemplo deste movimento o teórico contrarrevolucionário, Joseph De Maistre: *"De Maistre, en particular con su ensayo de 1814, sostiene que la gran culpa de Revolución habia sido separar soberania y sociedad, debilitando así tanto la primera como la segunda".*[27]

Troper nota que Duguit chega a ironizar a separação em três Poderes

> *[...] dans laquelle il voyait une résurgence du dogme de la Sainte Trinité: "De même que la théologie catholique conçoit um Dieu un trois personnes, de même les adeptes de la séparation de pouvoirs doivent imaginer un souverain unique en trois pouvoirs" (La séparation des pouvoirs de l'Assemblée nationale de 1789, Paris, 1899).*[28]

Percebe-se que essa visão de soberania é fruto direto de uma concepção construída ao longo do século XIX e talvez consagrada na doutrina do Estado de Direito alemão por Jellinek. Segundo Fioravanti:

> *Fue así inevitable, nen la cultura constitucional del siglo XIX, que coincidiera la soberanía del Estado con la soberanía del ordenamiento jurídico dado por ese mismo estado, que con sus reglas anulaba la* ***soberania política*** *del monarca o del pueblo, transformándola nen poderes juridicamente regulados, insertos*

26. R. Carré de Malberg. *Contribution à la théorie générale de l'Etat.* Paris: Dalloz, 2003. v. 2, p. 173.
27. Maurizio Fioravanti. *Constitución*: de la antiguedad a nuestros dias. Madrid: Trotta, 2001. p. 132.
28. Michel Troper. *Pour une théorie Juridique de l'État.* Paris: Presses Universitaires de France, p. 225.

> *en ese mismo ordenamiento. En pocas palabras, esto es el* ***Estado de Derecho****, que precisamente en los últimos años del siglo asume su forma teórica definitiva gracias a la obra de Georg Jellinek (1851-1911), ciertamente el mayor jurista alemán en el cambio del siglo.*[29]

Essa concepção de direito é completamente distante do que hoje se pode entender como uma concepção democrática:

> *Ahora la constitución existe sólo y exclusivamente para sustener un Estado soberano, para organizarlo, disciplinarlo, limitarlo. Sin este Estado la constitución careceria de fundamento y se reduciría a pura palabra de orden político. Y es indudable que para Jellinek, como para otros muchos al final del siglo XIX, la misma democracia y el mismo principio de soberanía popular pertenecían al campo de la pura política que había dominado la escena en el tiempo de Revolución, pero que ahora el triunfante Estado de derecho había sometido. El Estado de derecho daba así una respuesta fuerte y adecuada a la necesidad de estabilidad que atravesaba la Europa liberal trás la Revolución, con la condición de dar un corte seco, de negar todo el orígen revolucionário del derecho público europeo, de manifestarse de manera explícita contra el principio democrático.*[30]

Carré de Malberg é explícito ao dizer:

> *La nation est donc souveraine, en tant que collectivité unifiée, c'est-à-dire en tant qu'entité collective, qui, par là même qu'elle est le sujet de la puissance et des droits étatiques, doit être reconnue comme une personne juridique ayant une individualité et un pouvoir à la fois supérieurs aux nationaux et indépendants d'eux.*[31]

É a partir disso que Fioravanti conclui que, *"También en Francia, entonces, y no solamente en Alemania o en Itália, el derecho público se construía en el cambio de siglo, sobre una base estatal mediante una oposición cada vez más clara y neta al principio democrático de la soberanía popular"*.[32]

29. Maurizio Fioravanti. *Constitución*: de la antiguedad a nuestros dias. Madrid: Trotta, 2001. p. 140.
30. Maurizio Fioravanti. *Constitución*: de la antiguedad a nuestros dias. Madrid: Trotta, 2001. p. 142.
31. R. Carré de Malberg. *Contribution à la théorie générale de l'Etat.* Paris: Dalloz, 2003. v. 2, p. 175.
32. Maurizio Fioravanti. *Constitución*: de la antiguedad a nuestros dias. Madrid: Trotta, 2001. p. 144.

O que se percebe, portanto, é que a noção de incompatibilidade da ideia de separação de Poderes com a ideia de soberania é fruto de uma soberania estatal divorciada da soberania popular. Como veremos no próximo item, a partir da retomada do conceito de soberania popular e da impossibilidade de aceitação da ideia de um poder que não derive diretamente do povo é que se abre a possibilidade da aceitação do princípio da separação de Poderes sem conflito com a indivisibilidade da soberania.

Como dissemos anteriormente, havia duas críticas principais à separação de Poderes entre os autores do século XIX e início do século XX. A questão da soberania – já abordada – e a questão do imobilismo.

No tocante ao imobilismo, como exposto mais acima, no exame da origem do conceito de freios e contrapesos, esta parece ser uma crítica que não compreende o objetivo real da separação de Poderes, forjado nas revoluções burguesas.

O que é mais interessante notar é o fato de essa crítica, ou de essa incompreensão, aparecer tão logo no debate teórico e se manter, como se verá adiante, como uma incompreensão quase que permanente, dificultando a análise sobre o que deve significar a separação de Poderes quando expressa como princípio na Constituição.

Essa crítica, se já aparecia entre os teóricos do século XIX, encontra forte eco entre os juristas do Estado Social, no século XX. Paulo Bonavides, em texto escrito em 1958, profere violentas críticas ao apego ao "dogma" da separação dos Poderes, que ele afirma ser o "esteio sagrado do liberalismo".[33]

Para Bonavides:

> Esse princípio – que nas origens de sua formulação foi, talvez, o mais sedutor, magnetizando os construtores da liberdade contemporânea e servindo de inspiração e paradigma a todos os textos de Lei fundamental, como garantia suprema contra as invasões do arbítrio nas esferas da liberdade política – já não oferece, em nossos dias, o fascínio das primeiras idades do constitucionalismo ocidental.
>
> Representou seu papel histórico. O constitucionalismo democrático tem por ele a mais justa e irresgatável dívida de gratidão. Merece com efeito a homenagem e o reconhecimento dos que, na doutrina política, consagram sua

33. Paulo Bonavides. *Do Estado liberal ao Estado Social.* 6. ed. São Paulo: Malheiros, 1996. p. 63.

> luta aos ideais de liberdade e democracia. Ajudou a implantar na consciência ocidental o sentimento valorativo dos direitos e garantias individuais, de que foi, no combate aos déspotas do absolutismo, a arma mais eficaz.
> Quando cuidamos dever **abandoná-lo no museu da Teoria do Estado** (grifo nosso) queremos, com isso, evitar apenas que seja ele, em nossos dias, a contradição dos direitos sociais, a cuja concretização se opõe de certo modo, como técnica dificultosa e obstrucionista, autêntico tropeço, de que inteligentemente se poderiam socorrer os conservadores mais perspicazes e renitentes da burguesia, aqueles que ainda supõem possível tolher e retardar o progresso das instituições no rumo da social-democracia.
> Pretender conservá-lo, porém como dogma, em justificações descabidas para a atualidade é o que nos parece inaceitável.[34]

Outra famosa crítica realizada por um teórico de esquerda é a clássica obra de Althusser,[35] na qual o filósofo francês aponta que os freios e contrapesos aplicados por Montesquieu tinham relação com a sua origem nobre e a necessidade de preservar privilégios de seu estamento social. Sem procurar debater o peso dessa afirmação, deixando claro que concordamos com a visão, já citada, de Neumann, segundo a qual Montesquieu é um filósofo da mudança social, é importante ressaltar mais uma vez a preocupação apontada pela leitura de Montesquieu – e, portanto, do princípio da separação de Poderes – que privilegiaria a manutenção do *status quo,* aproximando, novamente, a concepção moderna de separação de Poderes do governo misto.

Esta crítica ignora a ressalva que aparece, de alguma forma, em quase todos os teóricos formuladores do conceito moderno de separação de Poderes – e, como citamos anteriormente, muito claramente em Montesquieu –, de que a separação de Poderes produz uma ação concertada entre as forças que se opõem de modo a impedir o imobilismo.

Esta incompreensão é responsável por introduzir, necessariamente, em uma análise constitucional contemporânea a noção de que o princípio de separação de Poderes, desde a modernidade, só pode ser lida como um princípio que gere um controle do poder por outro poder de maneira a permitir um

34. Idem, ibidem.

35. Louis Althusser. *Montesquieu, a política e a história*. Tradução de Luiz Cary e Luiza Costa. 2. ed. Portugal: Martins Fontes, 1977.

avanço da sociedade, e nunca uma oposição de forças (ou repartição de tarefas) que gerem um imobilismo.

É fundamental a análise das críticas feitas ao longo dos séculos XIX e XX ao conceito de separação de Poderes, pois a volta da força conferida à separação de Poderes nos séculos XX e XXI está absolutamente vinculada à superação dessas críticas. Apenas uma leitura da separação de Poderes que compreenda ser necessário superar a crítica ao imobilismo político e ao conflito com a soberania estatal poderá ser compatível com a nossa realidade constitucional contemporânea.

1.3. Separação de Poderes na teoria contemporânea

Se durante os séculos XIX e início do XX a separação de Poderes sofreu severos ataques, na segunda metade do século XX foi revista, conforme menciona Louis Fisher: "*The separation doctrine, subjected to ridicule for much of the twentieth century, still retains vitality*".[36]

A maneira mais interessante de compreendermos o que significa a separação de Poderes no constitucionalismo contemporâneo é justamente desvendar o caminho teórico que possibilitou superar a contradição – que parecia definitiva no início do século XX – entre indivisibilidade da soberania e separação de Poderes.

Para refazer este percurso é fundamental compreender que a ideia de soberania, que prevalece ao longo do século XIX e parece causar tantos problemas à aceitação da separação de Poderes, só pode surgir com a criação de um conceito simbólico de povo.

Mesmo sendo tão crítico à concepção moderna de separação de Poderes,[37] Hegel afirma que, "se o 'povo' é representado [...] como uma totalidade desenvolvida internamente, genuinamente orgânica, então a soberania existe como a personalidade do todo, e essa personalidade existe, na real existência adequada a seu conceito, na pessoa do monarca".[38]

36. Louis Fisher. *Constitutional Conflicts between Congress ant the President*. 5. ed. Lawrence: University Press of Kansas, 2007. p. 13.
37. Para Oliver Nye, Hegel "sublinha que o princípio da Separação de Poderes defendido pelos pensadores liberais é incompatível com o princípio de unidade que funda o Estado universal" (*História das ideias políticas*. Tradução de Jaime A. Clasen. Petrópolis: Vozes, 2007. p. 360).
38. Georg W. F. Hegel. Filosofia do direito extraído de Clarence Morris (Org.). *Os grandes filósofos do direito*. Tradução de Reinaldo Guarany. São Paulo: Martins Fontes, 2002. p. 32.

A reconstrução do conceito de povo não como um símbolo de referência para a soberania da nação, mas como efetivo titular do poder político, e o reconhecimento da capacidade deste exercício são a resposta dada no século XX a estes teóricos do século XIX.

Para Ricardo Lewandowski:

> No momento em que a soberania, enquanto força social, opta por determinado modelo de organização política, ela passa a constituir direito do Estado, isto é, do povo juridicamente organizado. Nesse ponto, a ligação lógica e doutrinária entre soberania e representação adquire significado crucial para a aferição da legitimidade do exercício do poder no Estado contemporâneo.[39]

Essa mudança não é apenas teórica e se expressa no texto do parágrafo único do art. 1º da Constituição Federal: "*Todo Poder emana do povo, que o exerce por meio de representantes eleitos ou diretamente, nos termos desta Constituição*".

A relevância desse dispositivo pode ser atestada pelo esforço que a chamada esquerda na Assembleia Nacional Constituinte[40] realizou para que não se repetisse a fórmula da Constituição de 1967, que vinha sendo adotada por nossas constituições desde 1934: "*Todo poder emana do povo e em seu nome é exercido*".[41]

Para que se tenha a dimensão da importância desta mudança é necessário analisar exatamente qual a diferença de significado entre as duas locuções. À primeira vista, pode-se ter a impressão de que a principal inovação do texto é a inclusão da possibilidade de democracia direta na Constituição. É verdade que o Texto de 1988 traz dispositivos inovadores de democracia participativa que remodelaram as maneiras de participação popular na Constituição.

---

39. Enrique Ricardo Lewandowski. Prefácio. In: José Maurício Conti. *A autonomia financeira do Poder Judiciário*. São Paulo: MP Editora, 2006.
40. O Diário da Assembleia Constituinte, de 29/01/1988 (p. 6671) traz discurso do Senador Mário Covas informando sobre o acordo feito entre os Partidos para que o preâmbulo mantivesse a alusão a Deus, mas se alterasse a fórmula antiga do preâmbulo.
41. Constituição de 1967: "Todo poder emana do povo e em seu nome é exercido"; Constituição de 1946: a mesma fórmula; Constituição de 1937: "O poder político emana do povo e é exercido em nome dele e no interesse do seu bem-estar, da sua honra, da sua independência e da sua prosperidade"; Constituição de 1934: "Todos os poderes emanam do povo e em nome dele são exercidos".

Exemplos claros são o inciso VII do parágrafo único do art. 194 e o inciso III do art. 198.

Entretanto, a grande inovação do texto em análise não está nesse aspecto, mas no fato de que deixa claro que o poder não é mais exercido "em nome do povo", mas é o povo quem o exerce.

Trata-se de representação clara desta mudança ocorrida no século XX sobre o conceito de povo em uma democracia e que, como se verá adiante, possibilita uma leitura democrática e contemporânea da separação de Poderes. Para que se compreenda essa questão, é necessário adentrar na discussão sobre o conceito de povo e a tensa relação que estabelece entre o povo e o Estado, entre o poder constituinte e o poder constituído.

O **povo** não é um aglomerado de indivíduos. Se reunirmos uma multidão em uma ilha deserta, não estará constituído um novo **povo**. O povo é necessariamente uma comunidade política, e só passa a se constituir enquanto povo quando se organiza politicamente.

Para Canotilho, "o povo concebe-se como povo em sentido político, isto é, grupos de pessoas que agem segundo ideias, interesses e representações de natureza política".[42]

Jorge Miranda é mais incisivo e afirma:

> Não há povo sem organização política, repetimos. É mesma a origem do povo e da organização – pois o povo não pode conceber-se senão como realidade jurídica, tal como a organização não pode deixar de ser a organização de certos homens, os cidadãos ou súbditos do Estado.
>
> O povo só existe através do Estado, é sempre o povo do estado em concreto, dependente da organização específica do Estado (e a ela também subjacente). O povo, que nasce com o Estado, não subsiste senão em face da organização e do poder do Estado, de tal sorte que a eliminação de uma ou de outro acarretaria automaticamente o desaparecimento do povo como tal.[43]

Esta natureza claramente ambígua da constituição do Estado e do povo – pela qual o povo constitui e legitima o Estado, mas, ao mesmo tempo, a

42. J.J. Canotilho. *Direito constitucional e teoria da Constituição*. 7. ed. Coimbra: Almedina, p. 75.
43. Jorge Miranda. *Manual de direito constitucional*. Coimbra: Coimbra Editora, 2004. t. III, p. 53.

organização estatal é pressuposto para a constituição do povo – gera uma relação de simultaneidade entre Estado e povo, e é, em parte, o que tem produzido as distorções democráticas da representação meramente simbólicas do povo no poder estatal.

Fábio Konder Comparato ilustra bem essa situação ao sustentar que,

> [...] a bem dizer, estamos hoje, em quase todos os países, diante de uma representação, não política, mas teatral: os eleitos pelo povo não agem como representantes deste, mas simplesmente representam um papel dramático perante o povo, prudentemente colocado na plateia sem condições de intervir no palco.[44]

Friedrich Müller diferencia o papel do povo como instância legitimadora ou como sujeito ativo do autogoverno. O povo aparece como instância legitimadora ao eleger

> [...] seus representantes; do trabalho dos mesmos resultam (entre outras coisas) os textos das normas; estes são, por sua vez, implementados nas diferentes funções do aparelho de Estado [...]. Tudo isso forma uma espécie de ciclo [*Kreislauf*] de legitimação, que em nenhum lugar pode ser interrompido (de modo não democrático). Esse é o lado democrático do que foi denominado estrutura de legitimação. Mas afirmar que os agentes jurídicos estariam democraticamente vinculados e que aqui o povo ativo estaria atuante, ainda que apenas de forma mediada, não é a mesma coisa. É verdade que o ciclo da legitimação não foi interrompido a esta altura de forma não democrática, mas foi interrompido. Parece plausível ver nesse caso o papel do povo de outra maneira, como instância global da atribuição de legitimidade democrática. É nesse sentido que são proferidas e prolatadas decisões judiciais "em nome do povo".[45]

44. Fábio Konder Comparato. Sobre a legitimidade das constituições. In: Paulo Bonavides; Francisco Gerson Marques de Lima; Fagys Silveira Bedê (Org.). *Constituição e democracia*: estudos em homenagem a J.J. Gomes Canotilho. São Paulo: Malheiros, 2006. p. 87.
45. Friedrich Müller. *Quem é o povo*: a questão fundamental da democracia. Tradução de Peter Naumann: São Paulo: Max Limonad, 2003.

Menelick de Carvalho, em apresentação a texto de Michel Rosenfeld, explora bem como os teóricos contemporâneos do direito conseguiram superar a ideia de uma representação meramente simbólica e paternalista de povo, transformando o povo em sujeito ativo da democracia:

> Para Rosenfeld, tal como para Friedrich Müller, Chantal Mouffe e a maior parte da filosofia política e da doutrina constitucional atuais, sabemos hoje, por experiência própria que a tutela paternalista elimina precisamente o que ela afirma preservar. Ela subtrai dos cidadãos exatamente a cidadania, o respeito à sua capacidade de autonomia, à sua capacidade de aprender com os próprios erros, preservando eternamente a minoridade de um povo reduzido à condição de massa (de uma não cidadania), manipulável e instrumentalizada por parte daqueles que se apresentam como os seus tutores, como os seus defensores, mas que, ainda que de modo inconsciente, creem *a priori* e autoritariamente na sua superioridade em relação aos demais e, assim, os desqualificam como possíveis interlocutores. O debate público e os processos constitucionais de formação de uma ampla vontade e opinião públicas são assim privatizados. Foi exata e precisamente isso o que os excessos do Estado Social, em todos os vários matizes que essa forma de legitimação do poder político foi capaz de assumir ao longo do século XX, nos ensinaram. A doutrina e os textos constitucionais atuais, como o da Constituição da República de 1988, aprenderam a ver e a lidar racionalmente com esse risco.[46]

Assim, toda a nossa tradição constitucional, de 1934 até 1988, tinha por cerne o povo como elemento de legitimação. A diferença fundamental que aparece com o texto vigente é incluir definitivamente o povo como sujeito ativo do autogoverno. Este exercício de poder pelo povo, como se depreende da análise lógica do texto do parágrafo único do art. 1º da Constituição, não se restringe aos mecanismos de participação direta, mas também ao poder exercido por seus representantes.

Representantes do povo são todos aqueles que exercem poder público, pois não há poder, segundo a Constituição, que não seja exercido pelo povo.

46. Menelick de Carvalho Netto. Apresentação. In: Michel Rosenfeld. *A identidade do sujeito constitucional*. Belo Horizonte: Mandamentos, 2003. p. 14.

O texto, portanto, rompe com a ideia de que as autoridades públicas possam exercer um poder simbolicamente[47] "em nome" do povo, para que impregne de democracia todo exercício do poder.

Este tipo de argumento ganha força quando não vemos o poder sendo exercido **em nome** do povo, mas **pelo** povo. O poder simbólico, **em nome** do povo, não precisa ser legitimado a cada instante, de forma racional, reconhecendo que ele tem por alvo um interlocutor, que deve ter a opção de se reconhecer como autor daquela prescrição. Esse poder é legitimado pela autoridade que representa o povo e, portanto, fala **em nome** dele. Esta lógica se inverte se o poder é exercido pelo povo. Cada manifestação de poder que se realiza em regime de verdadeiro autogoverno evidentemente não foi pensada ou formulada por todos os cidadãos, mas deve ser reconhecida como norma que possa ter sido emanada por qualquer um.

Além de considerar o povo não apenas como elemento simbólico de legitimação do poder e de construção da soberania, mas como verdadeiro sujeito ativo do exercício do poder, a teoria democrática contemporânea apresenta um conceito ainda mais interessante e que tem um profundo efeito sobre o papel da separação de Poderes.

Quando o sociólogo Pierre Bourdieu enxerga na delegação o elemento constitutivo de uma comunidade,[48] evidentemente não está retomando a ideia de uma representação simbólica que cria a comunidade, mas enxerga no próprio processo democrático a constituição desta comunidade.

A soberania popular não se constrói posteriormente ao conceito de povo, mas é a possibilidade de diálogo (mesmo que conflituoso) entre os membros desta comunidade para estabelecer regras de convivência e o reconhecimento mútuo de direitos que permitem que se crie uma comunidade de princípios, no sentido de que fala Dworkin.[49] E é somente neste

47. Pierre Bourdieu, analisando a delegação de poder de um grupo a seus representantes, afirma: "O poder simbólico é um poder que aquele que lhe está sujeito dá àquele que o exerce um crédito com que ele o credita, uma *fides*, uma *auctoritas*, que lhe confia pondo nele a sua confiança", e continua sustentando que o representante "retira seu poder propriamente mágico sobre o grupo da fé na representação que ele dá ao grupo e que é uma representação do próprio grupo e da sua relação com os outros grupos" (*O poder simbólico*. Rio de Janeiro: Bertrand Brasil, 2007. p. 188).

48. Pierre Bourdieu. Ibidem, p. 90.

49. Para Dworkin, segundo o modelo da comunidade de princípios, *"people are members of a genuine political community only when they accept that their fates are linked in the following strong way: they accept that are governed by common principles, not only by rules hammered out in a political compromise.*

sentido que se pode compreender o conceito de povo em uma democracia.

Habermas exprime claramente esse sentido do processo democrático como constituinte do povo:

> [...] há uma conexão necessária entre o conceito discursivo de democracia e a referência a uma comunidade ética concreta, substantivamente integrada. O indivíduo pode se tornar consciente de sua copertinência a uma forma de vida coletiva, e daí tornar-se consciente de um vínculo social anterior do qual não pode dispor a não ser em uma prática exercida em comum com outros. A participação efetiva na ação política, a deliberação e o conflito podem nos tornar conscientes de nossas vinculações mais remotas e indiretas com os outros, o significado de longa duração e de grande escala do que queremos e do que estamos construindo. O indivíduo pode adquirir um sentido mais claro das comunhões e das diferenças, e daí um sentido de quem ele é e de quem ele gostaria de ser, somente no intercâmbio com os outros que devem suas identidades às mesmas tradições e a processos de formação similares.[50]

Etienne Balibar discute que o "direito a ter direitos" trabalhado por Hannah Arendt – que se trata de um conceito fundador da ideia de pertencimento a uma comunidade política nas democracias contemporâneas – só pode existir *"where individuals and groups do not receive them from an external sovereign power or from a transcendent revelation, but rather confer this right upon themselves, or grant themselves rights reciprocally"*.[51] Ou seja, apenas mediante o processo político de diálogo e de reconhecimento é que se constitui a comunidade política que será o sujeito da soberania popular.[52]

Politics has a different character for such people. It is a theater of debate about which principles the community should adopt as a system, which view it should take of justice, fairness, and due process [...]. Members of a society of principle accept that their political rights and duties are not exhausted by the particular decision their political institution have reached, but depend, more generally, on the scheme of principles those decisions presuppose and endorse. So each member accepts that the others have rights and that he has duties flowing from that scheme" (*Law's Empire.* Cambridge: Harvard University Press, 1986. p. 211).

50. Jurgen Habermas. *Facticidade e validade*: uma introdução à teoria discursiva do direito e do Estado Democrático de Direito. Tradução de Menelick de Carvalho, p. 197. No prelo.

51. Étienne Balibar. On Universalism. Disponível em: <http://translate.eipcp.net/transversal/0607/balibar/en/#_ftn8>. Acesso em: 31 jan. 2010.

52. A ideia de que é o próprio processo de diálogo político que produz o povo incorpora plenamente

Ainda segundo Balibar,

> *[...] ce qui rend possible l'incorporation au domaine public de fonctions de souveraineté nouvelles dans le champ qu'avait auparavant dominé le théologique, ou que développe désormais l'activité économique (en pratique, le capitalisme), c'est l'émergence de la souveraineté populaire et de ses moyens propres, avant tout le suffrage universel, l'accès aux emplois publics en fonction du mérite, l'introduction progressive de l'impôt sur le revenu universel et proportionnel.*[53]

Entretanto, Habermas alerta que não é qualquer interação política que produz uma comunidade apta a exercer o papel de sujeito ativo da soberania. Para ele

> [...] somente na medida em que a política deliberativa ocorre como uma petição de discurso ético ela mantém amplamente os seus vínculos internos com o contexto dado das tradições de uma comunidade histórica específica. Apenas como um processo de se alcançar a autocompreensão ética a política gera uma consciência daquele aspecto da vida ética substantiva que mantém *a fortiori* os cidadãos conjuntamente agregados em seu embate discursivo.[54]

Partindo-se desta afirmação de Habermas, percebe-se que a construção democrática apta a gerar uma comunidade com um alto grau de pertencimento exige um discurso eticamente orientado. Exige, portanto, o respeito a direitos fundamentais, como pressuposto para o debate político e ao mesmo tempo como resultado deste debate.

Essa tensão histórica entre soberania popular e a existência de direitos fundamentais irrevogáveis pela produção de maiorias, como sustenta Fioravanti,

---

o conceito transgeracional de povo. Aliás, é somente por meio deste diálogo político que o vínculo transgeracional pode ser feito sem que se recaia em concepções racistas da ideia de povo (como afirma Balibar em *The return of the concept of race*. Disponível em: <http://www.springerin.at/dyn/heft_text.php?textid=2097&lang=en>. Acesso em: 31 jan. 2010). Com essa concepção podem-se valorizar o aprendizado histórico e a importância do direito à memória como parte fundamental do debate político, bem como permitir a preocupação com as gerações futuras.

53. Étienne Balibar. Prolégomènes à la souveraineté: la Frontière, l'Etat, le Peuple. Disponível em: <http://www.imageuro.net/archivio/difficile/balibar.htm>. Acesso em: 31 jan. 2010.

54. Jurgen Habermas. *Facticidade e validade*: uma introdução à teoria discursiva do direito e do Estado Democrático de Direito. Tradução de Menelick de Carvalho, p. 200. No prelo.

é o ponto central do debate constitucional contemporâneo. Para Fioravanti:

> *[...] los regimenes políticos europeos de la segunda mitad del siglo XX intentaban ser, también bajo este perfil, democracias constitucionales, es decir, democracias dotadas de una precisa identidad por estar dotadas de una constitución en la que se encuentran expresados los principios fundamentales que caracterizaban al mismo régimen político. La legalidad que estas democracias expresan, que es la constitucional, ya no permite una subversión integral de la constitución en nombre del poder constituyente del pueblo soberano como en el modelo radical de ascendencia rousseauniana, pero tampoco una negociación incessante, sin fin y sin dirección determinada entre las fuerzas sociales y políticas considerada legítima solo porque se desarolla según las reglas parlamentarias del pluralismo social y político como en el modelo kelseniano.*
>
> *La legalidad constitucional de la que hablamos se emancipa, finalmente, del dominio del poder constituyente soberano pero no por esto renuncia a dotar de significado y de grandes objetivos de fondo la concreta via de las democracias contemporáneas. Esa legalidad opone al mito democrático revolucionário del poder constituyente los valores de estabilidad, del equilibrio, del límite con la finalidad de garantizar los mismo derechos de los ciudadanos, pero no por ello pierde del todo su carácter directivo fundamental para el futuro, y no por esto se reduce a mera obra de registro del resultado del libre desarollo de la negociación entre los intereses sociales.*[55]

Habermas demonstra que a articulação entre direito e democracia passa, justamente, pela noção de que as normas podem ser aceitas racionalmente pela comunidade como um todo, o que, evidentemente, impõe limites à vontade irrestrita da maioria:

> [...] a ideia por detrás do Estado de Direito moderno requer que as decisões coletivamente vinculantes do poder estatal organizado (*Staatsgewalt*), que deve empregar o Direito para cumprir as suas próprias funções, não são apenas revestidas pela forma do Direito, mas são, por sua vez, legitimadas por uma lei legitimamente promulgada. Não é a forma jurídica enquanto tal

55. Maurizio Fioravanti. *Constitución*: de la antiguedad a nuestros dias. Madrid: Trotta, 2001. p. 163.

> que legitima o exercício da dominação política mas tão só o vínculo com a lei legitimamente promulgada. E, em um nível pós-convencional de justificação, só são consideradas legítimas as leis passíveis de serem racionalmente aceitas por todos os coassociados em um processo discursivo de formação de opinião e vontade.[56]

É no contexto de todas essas tensões aqui apresentadas (soberania do estado *x* soberania popular, povo como símbolo *x* povo como sujeito ativo do poder, soberania popular *x* democracia) que se deve compreender a separação de Poderes em uma democracia contemporânea.

A relação entre os Poderes não pode ser vista como fruto de atribuições expressas, predefinidas e impermeáveis. A única maneira de o princípio da separação de Poderes conviver com a democracia e exercer a sua principal função de combater o arbítrio é a de um permanente ambiente de diálogo constitucional, conforme ensina Louis Fisher.[57] Para ele,

> *[...] the theory of constitutional limits – of powers enumerated and clearly defined – has lost ground to a number of stubborn forces. Even at the outset, more than two centuries ago, the lines between the three branches of the federal government were not crisps demarcations.*[58]

Fisher afirma que não existe gravidade na permeabilidade de competências, e que não pode haver é um *unchecked power*, mas este balanço entre os Poderes deve se dar por meio de um permanente diálogo constitucional publicamente exercido entre eles.

Para que esse diálogo constitucional entre os Poderes esteja presente, é necessário, em primeiro lugar, que se crie uma possibilidade de comunicação entre as decisões tomadas pelo parlamento e as decisões proferidas pelos tribunais constitucionais.

---

56. Jurgen Habermas. *Factividade e vaidade*: uma introdução à teoria discursiva do direito e do Estado Democrárico de Direito. Tradução de Menelick de Carvalho, p. 200, No prelo.
57. Cf. Louis Fisher. *Constitutional Dialogues.* Princeton: Princeton University Press, 1988.
58. Louis Fisher. *Constitutional Conflicts between Congress ant the President.* 5. ed. Lawrence: University Press of Kansas, 2007. p. 84.

O caminho para a comunicação democrática e consistente entre os Poderes passa pela incorporação do que Ronald Dworkin chama de integridade. Para Dworkin, é necessário, em primeiro lugar, assumir que as comunidades políticas democráticas devem ser comunidades de princípios, e não apenas comunidades de interesses ou de regras.[59] Nessas duas últimas hipóteses constroem-se negociações para a convivência, que produzem um compromisso moral entre os indivíduos, mas não conferem integridade ao Direito produzido, o que impossibilita uma análise racional de cada decisão. Em uma comunidade de princípios, a coerência entre as decisões sem dúvida permite essa comunicação entre as decisões tomadas por todos os agentes públicos.

Dworkin explicita duas formas de integridade: integridade na legislação e integridade no Direito, na prestação jurisdicional (*adjudication*). Em ambos os casos há, como ponto central, a ideia de que a integridade se verifica quando a produção do direito (em abstrato ou em concreto) se conecta com o fato de ela se dar em uma comunidade de princípios.

Para o autor, a integridade *"instruct the judges to identify legal rights and duties, so far as possible, on the assumption that they were all created by a single author – the community personified – expressing a coherent conception of justice and fairness"*.[60]

A ideia de integridade, portanto, requalifica o conceito de autogoverno. Não se pode mais, com este conceito, prender-se a uma representação simbólica do povo. A comunidade constituída por princípios, ao exigir que toda manifestação de poder (e não apenas a legislação) se conecte a estes princípios, transpõe o povo de "alvo" do poder para titular direto deste.

Segundo Tarso Genro, a consciência da igualdade, em uma sociedade economicamente tão desigual, aparece justamente a partir do processo democrático:

> [...] o Direito pode criar, e em regra cria, um outro sistema discursivo capaz de incidir de maneira rebelde contra a própria desigualdade social, que precisa permanentemente apelar para a ficção da igualdade, para estabilizar os contratos e dar eficácia ao conjunto das relações jurídicas.

59. Ronald Dworkin. *Law's Empire*. Cambridge: Harvard University Press, 1986. p. 208 e s.
60. Idem, ibidem, p. 225.

> A "mediação" do "apelo" à igualdade torna-se, assim, uma categoria não mais subordinada ao cálculo econômico e adquire um sentido histórico-social, alienado da sua função puramente mercantil. Ela faz uma outra "passagem": vai do mundo "puro" das relações de mercado para o mundo "tenso" da emocionalidade, da política, da cultura e torna-se meta programática e valor ético-político.[61]

Outra questão fundamental do constitucionalismo contemporâneo que não permite mais a utilização de uma representação única e simbólica do povo é a absorção do conceito de pluralismo. Para Michel Rosenfeld, "o confronto entre a identidade constitucional e outras identidades relevantes, tais como a nacional, as étnicas, religiosas ou culturais, torna-se inevitável pela tensão entre o pluralismo inerente ao constitucionalismo contemporâneo e a tradição". E em seguida afirma:

> O constitucionalismo não faz muito sentido na ausência de qualquer pluralismo. Em uma comunidade completamente homogênea, com um objetivo coletivo único e sem uma concepção de que o indivíduo tem algum direito legítimo ou interesse distinto daqueles da comunidade como um todo, o constitucionalismo [...] seria supérfluo.[62]

A utilização da separação de Poderes como mecanismo para lidar com as contradições internas da sociedade, no contexto de uma sociedade plural, também é abordada por Marcelo Neves:

> [...] especificamente contra a possibilidade de desdiferenciação entre direito e política, as Constituições modernas institucionalizam a "divisão de poderes". A influência da comunicação conforme o código do poder sobre a comunicação de acordo com o código jurídico é, dessa maneira, intermediada pelo próprio direito. [...] Nessa perspectiva, a introdução de procedimentos funcionalmente diferenciados (legislativo, judiciário e político-administrativo), mediante a institucionalização da "divisão de poderes" aumenta a capacidade dos sistemas político e jurídico de responder às exigências do seu

61. Tarso Genro. Uma reflexão sobre a igualdade jurídica. *Amatra IV*, Porto Alegre, n. 4, 1994.
62. Michel Rosenfeld. *A identidade do sujeito constitucional*. Belo Horizonte: Mandamentos, 2003. p. 21.

respectivo ambiente, repleto de expectativas as mais diversas entre si e contraditórias. A ausência ou deformação do princípio da "divisão de poderes" leva à desdiferenciação das esferas da vida (politização abrangente) e tem-se demonstrado incompatível com a complexidade da sociedade atual.[63]

Na verdade, esta preocupação com o fato de que a sociedade não pode ser representada por um povo único e simbólico, mas que deve permitir a abertura permanente para as posições divergentes e minoritárias, está na própria gênese do conceito moderno de separação de Poderes. É justamente para evitar uma democracia que não seja aberta às diversas "facções" que os *founding fathers* apostam nos *checks and balances.* Para Shapiro,

> *El temor a la imposición de la tiranía por parte de facciones mayoritarias llevó a Madison y a los federalistas a concebir un sistema político compuesto por múltiples vetos que dificultaran la acción política de la mayoría: un sistema en que "la ambición tendrá que contrarrestar la ambición".*[64]

Madison afirma que *"If a majority be united by a common interest, the rights of the minority will be insecure".*[65] E argumenta que a única maneira de se chegar a decisões em uma república que possibilite a superação deste mal é mediante um sistema de freios e contrapesos, como o americano.

A produção do direito, seja pelo Poder Legislativo, pelo Executivo ou pelo Judiciário, deve ter – sobretudo em um ordenamento regido por uma norma como a do parágrafo único do art. 1º da Constituição – como centralidade a ideia de que cada norma é formulada e exercida pelo povo, de acordo com os princípios constitutivos daquela comunidade.

Toda a lógica da separação de Poderes deve servir à preservação da integridade do direito. Ao se estabelecer um sistema de freios e contrapesos, tem-se como objetivo principal a criação de um mecanismo de controle mútuo que possibilite a aferição constante das manifestações de poder como vinculadas a esses princípios e, portanto, como reais manifestações do povo.

---

63. Marcelo Neves. *A constitucionalização simbólica.* São Paulo: Martins Fontes, 2007. p. 81.
64. Ian Shapiro. *El estado de la teoría democrática.* Barcelona: Bellaterra, 2005. p. 30.
65. James Madison. The Federalist n. 51. Disponível em: <http://www.constitution.org/fed/federa51.htm>. Acesso em: 31 jan. 2010.

O respeito aos direitos fundamentais, ao reconhecimento da sociedade como plural e, assim, aos princípios que possam ter constituído aquela comunidade como povo, não pode ocorrer pela mera ideia de representação de governados pelos governantes. Como assevera Chantal Mouffe:

> A lógica democrática da identidade entre governantes e governados não pode, por si só, garantir o respeito aos direitos do homem – que são um elemento constitutivo do regime liberal democrático –, e não é senão graças à sua articulação com as instituições do liberalismo político que a lógica da soberania popular pode ser compatível com o pluralismo.[66]

O eixo central das instituições do liberalismo democrático que vão permitir a constituição do Estado como verdadeiramente democrático é a separação de Poderes. É apenas este mecanismo que tem condições de quebrar a lógica de uma representação meramente simbólica, gerando um exercício real do poder pelo povo (apesar de não produzir necessariamente).

Habermas afirma:

> A diferenciação institucional que se expressa na constituição de poderes separados tem por finalidade amarrar a aplicação do poder administrativo ao direito normatizado democraticamente, de tal modo que o poder administrativo só se regenera a partir do poder comunicativo produzido conjuntamente pelos cidadãos.[67]

Assim, para que a separação de Poderes possa realmente ser o elemento constitutivo do estado democrático é fundamental que ocorra um processo público de elaboração e formulação de argumentos (em todos os Poderes), pois só assim é possível uma concreta e constante aferição da vinculação do exercício do poder ao povo.

---

66. Chantal Mouffe. *Pensando a democracia com e contra Carl Schmitt*. Tradução de Menelick de Carvalho Netto, p. 5. Disponível em: <http://www.almg.gov.br/CadernosEscol/Caderno2/teoria.pdf>. Acesso em: 31 jan. 2010.

67. Jurgen Habermas. *Direito e democracia*: entre facticidade e validade. Rio de Janeiro: Tempo Brasileiro, 1997. v. 1, p. 217.

Para Habermas:

> O discurso de legitimação de uma democracia não só obriga a mesma a ser democrática no seu conteúdo – abstraindo do fato de que o significado desse adjetivo "democrático" pode ser matéria de grandes controvérsias. Ele deveria sobretudo realizar também no seu próprio procedimento o que designa, deveria, portanto ser correlativamente estruturado, i. é: não formular afirmações em bloco, que se imunizam contra a discussão, não por apresentar-se qual dedução cogente, não falar por intermédio de resultados antecipados. Muito pelo contrário, a legitimidade – como também a normatividade jurídica – é um processo e não uma substância, uma essência ou mesmo uma qualidade de textos. A legitimidade é por igual um processo que reage à realidade, configurando-a ao mesmo tempo; dito em outras palavras, ela aparece na sua elaboração [*Bearbeitung*].[68]

Portanto, a legitimidade da democracia, em uma estrutura normativa que tem por base o conceito de que todo poder é **exercido** pelo povo (e produz o povo), provém da possibilidade de constante aferição se cada uma das decisões tomadas pelo poder público é constituída por argumentos que poderiam ter sido utilizados por um único sujeito: o povo. E o povo, aqui, sendo considerado uma comunidade de princípios que se constituem e são constituídos pela organização política em torno de princípios.

A única maneira de atingir essa constituição democrática do Estado é a existência de um mecanismo de separação de Poderes, com um sistema de freios e contrapesos, que possibilite procedimentos públicos e claros de tomada de decisão, que permita a permanente aferição se as decisões são de fato embasadas em argumentos que se vinculam de maneira direta, e não apenas simbólica, ao povo.

1.4. Considerações finais

A partir do que foi visto neste capítulo, pode-se concluir que, apesar da forte crítica ao princípio da separação de Poderes, ele ganhou enorme

68. Jurgen Habermas. *Facticidade e validade*: uma introdução à teoria discursiva do direito e do Estado Democrático de Direito. Tradução de Menelick de Carvalho, p. 108. No prelo.

vitalidade no constitucionalismo contemporâneo, uma vez que as duas principais críticas colocadas a este princípio a partir do século XIX (o imobilismo e a indivisibilidade da soberania) foram amplamente superadas.

No tocante ao imobilismo, como se viu, a crítica refere-se a uma interpretação sobre o que significa separação de Poderes muito diferente daquela que forjou o conceito na modernidade. Trata-se de uma crítica que parece ter por objetivo atingir o desenho de governo misto construído na Antiguidade e desenvolvido na Idade Média justamente com o objetivo de gerar este imobilismo.

A principal contribuição que essas críticas trazem para o século XXI é justamente a de tomar muito cuidado para que se evitem as interpretações sobre a separação de Poderes que ignorem a abertura deste princípio para as transformações sociais.

Consoante à indivisibilidade da soberania, a resposta da teoria democrática contemporânea é mais complexa e coloca o princípio da separação de Poderes como condição de possibilidade de uma democracia pluralista.

Ao libertar o conceito de povo de seu papel unitário e simbólico, colocando o povo como sujeito complexo e plural e sujeito ativo do exercício do poder do Estado, constituído a partir do próprio processo democrático, a teoria democrática contemporânea resgatou a separação de Poderes como solução para que a democracia pudesse conviver com as instituições do liberalismo.

É somente pelo diálogo constante e permanente – com a obrigatoriedade de motivações públicas dos atos – entre instituições independentes que se criam as condições para que o povo se constitua de maneira democrática, reconhecendo o caráter plural da sociedade.

O princípio da separação de Poderes, na sua acepção moderna, com freios e contrapesos, é, portanto, elemento-chave da democracia contemporânea, mas, como já aprendemos com a análise histórica, só pode ser utilizada se for compreendida como um mecanismo de transformação social e não, como falou Bonavides, como uma "técnica dificultosa e obstrucionista" utilizada pelos "mais perspicazes conservadores".[69]

69. Paulo Bonavides. *Do Estado liberal ao Estado Social.* 6. ed. São Paulo: Malheiros, 1996.

Além disso, a separação de Poderes deve propiciar uma relação dinâmica e aberta entre os Poderes que permita o projeto de autogoverno e proteja os direitos fundamentais.[70-71]

70. Bruce Ackerman coloca a questão de maneira bastante direta: *"Separating power on behalf of what? The first ideal is democracy. In one way or another, separation may serve (or hinder) the project of popular self-government". Por outro lado, ela defende "the protection and enhancement of fundamental rights. Without these, democratic rule and professional administration can readily become engines of tyranny"* (The New Separation of Powers. *Harvard Law Review*, v. 113, p. 640, 2000).

71. Para Fioravanti (*Constitución*: de la antiguedad a nuestros días. Madrid: Trotta, 2001. p. 163), *"En la fórmula contemporánea de la democracia constitucional parece estar contenida la aspiración a un justo equilibrio entre el principio democrático, dotado de valor constitucional a través de las instituciones de la democracía política y el mismo papel del legislador y del gobierno, y la idea – ínsita en toda la tradición constitucionalista – de los límites de la política a fijar mediante la fuerza normativa de la constitución y, en particular, a través del control de constitucionalidad siempre más determinante en el ámbito de las democracias modernas".*

2

Executivo e Legislativo

O objetivo deste trabalho é uma avaliação da edição de medidas provisórias no Brasil a partir do princípio da separação de Poderes. Para tanto, analisamos no capítulo anterior o significado do princípio da separação de Poderes para a teoria democrática contemporânea. O propósito deste capítulo é de, a partir deste significado, procurar compreender, especificamente, como se dá a relação entre os Poderes Legislativo e Executivo. Afinal, é sem dúvida a partir da relação (conflituosa ou não) entre estes dois Poderes que poderemos avaliar a edição de medidas provisórias.

Essa relação entre os dois Poderes, evidentemente, tem que ser vista a partir desta ideia de separação de Poderes trabalhada no Capítulo 1. Ou seja, o princípio de separação de Poderes é condição de possibilidade de uma democracia pluralista e deve servir à proteção aos direitos fundamentais como mecanismo de impulso de transformações sociais, nunca de manutenção do *status quo*. Isso deve ocorrer a partir de um diálogo intenso e público entre os Poderes com a abertura para a participação popular.

2.1. Eficiência democrática

Um conceito que nos parece essencial para que compreendamos o princípio da separação de Poderes como condição de possibilidade da democracia é o de **eficiência** da democracia.[1] Para Matthew

1. É importante que fique claro que o conceito de eficiência democrática não se relaciona

Shugart e John Carey, *"'Efficiency' refers to the ability of elections to serve as a mean for voters to identify and choose among the competing government options available to them"*.[2] Ou seja, uma democracia é eficiente no caso de permitir que as eleições impliquem um processo de escolha por parte dos eleitores no qual estes consigam selecionar um projeto que seja efetivamente implementado em caso de vitória.

Se um candidato é eleito com um determinado programa, e, ao assumir, ele desenvolve um outro que não era previsto por seus eleitores, não temos uma democracia eficiente. Afinal, a democracia não pode simplesmente ser um processo de escolha de pessoas. Trata-se da escolha de propostas – ou caminhos – que devem ser implementadas no caso de serem escolhidas.

Nas eleições para o Executivo, eleições eficientes são aquelas que demonstram a habilidade do eleitor em identificar *"the choices of competing potential governments that are being presented to them in electoral campaigns"*.[3]

Portanto, para que possamos ter eleições eficientes em termos democráticos, o eleitor deve ser capaz de identificar os projetos que estão sendo apresentados e, uma vez escolhido, este projeto deve poder de fato ser implementado.

Quando analisamos a relação entre o Executivo e o Legislativo sob a perspectiva de necessidade de se ter uma democracia eficiente, observamos que as dificuldades não são pequenas.

A existência de um mecanismo como o de freios e contrapesos, que permite justamente que a minoria impeça os excessos da maioria, é o principal motivo[4] para que o projeto vencedor da eleição não possa ser implementado. Afinal, é, em geral, por dificuldades de aprovação de medidas no Congresso Nacional que os chefes do Executivo são obrigados a modificar a proposta pela qual foram eleitos.

Esta situação, no caso brasileiro, que possui uma eleição para o Congresso Nacional por lista aberta – mas que aparece para o eleitor como uma eleição

com a noção de eficiência administrativa, inserido – este último – inclusive em nossa Constituição com a Emenda 19/1998.

2. Matthew S. Shugart e John M. Carey. *Presidents and assemblies*: constitutional design and electoral dynamics. Cambridge: Cambridge University Press, 1992. p. 7-8.

3. Matthew S. Shugart e John M. Carey. *Presidents and assemblies*: constitutional design and electoral dynamics. Cambridge: Cambridge University Press, 1992. p. 9.

4. No próximo item, ao analisar o tema dos *veto players*, trabalharemos melhor esta questão.

uninominal[5] – e simultânea à eleição para Presidente, é ainda mais grave. Afinal, não é possível imaginar que o eleitor escolha no mesmo dia projetos diferentes ao votar para o parlamento e para Presidente da República. O que ocorre é que as questões que levam o eleitor a decidir por um candidato em uma eleição são diferentes das que o fazem decidir na outra. Para Shugart e Carey,

> *A tipical democratic assembly is elected for the purpose of giving voice to the interests of localities or to the diversity of ideological or other partisan divisions in the polity and society. That is, assemblies are ordinarily expected to be parochial in nature. Executives, on the other hand are charged with acting to address policy questions that affect the broader interests of the nation, as well as to articulate national goals.*[6]

Portanto, geralmente, o Presidente eleito não pode implementar sua pauta discutida nacionalmente durante as eleições e escolhida pelo processo eleitoral em função de resistências que aparecem em um Congresso normalmente eleito em funções de pautas paroquiais (e, como se depreende da citação acima, esta não é uma exclusividade brasileira).

Como vimos no capítulo anterior, a existência do princípio de separação de Poderes, com um sistema de freios e contrapesos, não pode ser interpretada como um obstáculo à adoção de medidas de transformação social, sobretudo se essas transformações sociais são advindas das propostas feitas pelo Executivo durante o processo eleitoral. É justamente a adoção deste processo de transformações que conferirá eficiência democrática às eleições.

Por outro lado, como também ficou claro no capítulo anterior, a compreensão de uma sociedade plural e de um vínculo permanente do povo com o exercício do poder é incompatível com uma concepção de democracia que envolva simplesmente a adoção de um programa apresentado e escolhido pelos eleitores a cada quatro anos.

---

5. Tratamos da confusão que leva os eleitores, no sistema de lista aberta brasileiro, a votar como se fosse uma votação uninominal, em Pedro V. Abramovay e Felipe de Paula, Em defesa das ideias, *Folha de S. Paulo*, 15 maio 2009.
6. Matthew S. Shugart e John M. Carey. *Presidents and assemblies*: constitutional design and electoral dynamics. Cambridge: Cambridge University Press, 1992. p. 4.

A solução para este problema, ou seja, para a conciliação entre um processo democrático eficiente e a aceitação do princípio da separação de Poderes passa justamente pelo reconhecimento de que as funções de cada poder não podem ser vistas de maneira estanque. O Executivo deve poder influenciar o processo legislativo, sob pena de se conferir uma baixa eficiência ao processo democrático. Ao mesmo tempo, essa influência não pode se dar senão em um ambiente de diálogo constitucional dentro do qual o parlamento (e o Judiciário também, mas isso não diz respeito ao conteúdo deste trabalho) possa permanentemente exercer o controle (*check)* sobre esta influência. É por isso que Neumann insiste que a doutrina da separação de Poderes é um instrumento de controle de poder.[7] Afinal, como afirma Louis Fisher, os estruturadores (*framers*) da constituição norte-americana sabiam que *"the danger of tyranny or injustice lurks in unchecked power, not in blended power"*.

Como veremos adiante, o presidencialismo (e o brasileiro especificamente) oferece várias maneiras de convívio entre os dois Poderes, que harmonizam uma democracia eficiente e um sistema de separação de Poderes democrático.

2.2. Os *veto players* e relação entre o Executivo e o Legislativo

A ciência política desenvolveu, a partir da doutrina da separação de Poderes,[8] um novo conceito: os *veto players.* George Tsebelis afirma que um

7. Fraz Neumann. *Estado Democrático e Estado Autoritário.* Rio de Janeiro: Zahar, 1996 . p. 154.

8. Para Tsebelis, "O conceito de *veto player* origina-se da ideia de pesos e contrapesos incluída na Constituição norte-americana e nos textos constitucionais clássicos do século XVIII; implícita ou explicitamente é mencionada nos estudos contemporâneos (ver Lijphart, 1984; Riker, 1992a e Weaver e Rockman, 1993). Montesquieu, por exemplo, defende a necessidade do bicameralismo afirmando: *Num Estado, há sempre pessoas dignificadas pelo nascimento, pelas riquezas ou pelas honrarias; mas, se se confundissem com o povo e só tivessem, como os outros, um voto, a liberdade comum seria sua escravidão e não teriam nenhum interesse em defendê-la, porque a maioria das resoluções seria contra elas. A participação que tomam na legislação deve ser, portanto, proporcional às outras vantagens que têm no Estado, o que acontecerá se formarem um corpo que tenha o direito de sustar as iniciativas do povo, tal como o povo tem o direito de sustar as deles* (Montesquieu, 1989, parte 2, livro 11, cap. 6; o grifo do autor). (8) *Da mesma maneira, Madison, em O Federalista n. 51, defende a separação dos poderes da seguinte maneira: 'traçar de tal maneira a construção do governo que todas as suas diferentes partes possam reter-se umas às outras nos seus lugares respectivos'.* (Hamilton, Jay e Madison s/d; o grifo do autor). (9) Ambos os textos tratam dos *veto players* especificados pela Constituição" (George Tsebelis. Processo decisório em sistemas políticos: *veto players* no presidencialismo, parlamentarismo, multicameralismo e pluripartidarismo. Disponível em: <http://www.anpocs.org.br/portal/publicacoes/rbcs_00_34/rbcs34_06.htm>.

veto player "é um ator individual ou coletivo cuja concordância é necessária para que se tome uma decisão política".[9]

Esse conceito é muito importante para se compreender a relação entre o Executivo e o Legislativo e como a interação entre os dois, dentro de um sistema de freios e contrapesos, pode ter uma tendência maior ou menor para se possibilitarem mudanças que alterem o *status quo.*

Quanto maior o número de *veto players* – isso parece natural – maior a tendência à estabilidade da política e mais difícil será a possibilidade de alteração do *status quo.*[10-11] E, dependendo da forma de governo, do sistema partidário ou de outros arranjos da formação política de um país, podemos encontrar um número maior ou menor de *veto players.*

Por exemplo, haverá mais *veto players* no presidencialismo[12] do que no parlamentarismo. Também o bicameralismo tem mais do que o unicameralismo. O mesmo para Estados federais relativamente aos unitários. Em governos com grandes coalizões partidárias, cada partido é um *veto player*, porém em governos de um só partido há apenas um *veto player.* Também há uma maior dificuldade de alteração do *status quo* nos casos em que há uma grande distância ideológica entre os partidos da coalizão, ou entre os membros deste partido. O mesmo ocorre caso os partidos não tenham grande coesão (afinal cada membro do parlamento passaria a ter algum poder de veto).[13]

No caso brasileiro, temos um presidencialismo, em um Estado federal, bicameral, com grandes coalizões, entre partidos com grande distância ideológica entre eles e seus membros.[14]

9. George Tsebelis. Ibidem.
10. Não nos parece necessário, para efeitos desta obra, discutir a diferença que Tsebelis faz entre *veto players* partidários e institucionais, pois isso não influencia no ponto que queremos trabalhar, que são as possibilidades de transformações sociais em ambientes com inúmeros *veto players* (constitucionais ou partidários).
11. George Tsebelis. *Jugadores con veto*: cómo funcionan las instituciones políticas. México: Fondo de Cultura Económica, 2006. p. 6.
12. Tsebelis afirma que isso só ocorre caso o Presidente tenha poder de veto.
13. George Tsebelis. *Jugadores con veto*: cómo funcionan las instituciones políticas. México: Fondo de Cultura Económica, 2006. p. 362.
14. Tsebelis não menciona expressamente, mas não poderíamos deixar de notar que a existência de um Judiciário com controle de constitucionalidade (misto) também tende à manutenção do *status quo*, o que apenas reforça a situação brasileira.

Portanto, se utilizarmos o conceito de *veto players,* a organização institucional do Estado brasileiro é forjada de tal forma que mudanças institucionais são praticamente impossíveis.

De acordo com Mangabeira Unger,

> [...] esse sistema de vetos constituem um estilo de política em que os projetos de transformação têm de vencer tantos obstáculos antes de sucesso que, em tempos normais, só são aprovados de forma diluída. A política passa então a ser uma sequência das segundas melhores soluções de cada partido.[15]

E conclui sobre a necessidade de um parlamento equipado para colaborar com o Presidente e resistir a ele.

Em um desenho institucional como o brasileiro fica ainda mais clara a necessidade de que a interpretação que se dê ao princípio da separação de Poderes não dificulte a possibilidade de alteração do *status quo.* O nosso desenho institucional já é suficientemente repleto de controles para que se possa olhar para o princípio da separação de Poderes como uma divisão estanque de atribuições.

A relação do Executivo com o parlamento no Brasil precisa de mecanismos de superação dos inúmeros *veto players* existentes, e a possibilidade de o Executivo influir no processo legislativo (sempre desde que controlado pelos outros Poderes) parece ser a única forma de superar a estabilidade do *status quo* – o próprio Tsebelis aponta a edição de decretos pelo Executivo como uma maneira de superação de *veto players*[16] –, e também de aumentar – como vimos no item anterior – a eficiência da democracia.

2.3. Poder de agenda

Nos itens anteriores foram trabalhados os conceitos de *veto players* e eficiência democrática. Outro conceito fundamental para a compreensão de quais são os poderes legislativos que o Executivo pode (ou deve) ter é o poder de agenda.

15. Roberto Mangabeira Unger. *Democracia realizada*: a alternativa progressista. São Paulo: Boitempo, 1998. p. 169.

16. George Tsebelis. *Jugadores con veto*: cómo funcionan las instituciones políticas. México: Fondo de Cultura Económica, 2006. p. 363.

Para Marco Aurélio Sampaio, o poder de agenda

> [...] é definido como **a capacidade de determinar não somente quais propostas serão consideradas pelo Congresso nacional, mas também quando o serão**, o que indica serem os poderes legislativos do presidente determinantes de seu funcionamento já que se trata de meios que servem à influência do processo legislativo[17] (grifo do autor).

O poder de agenda é compartilhado entre os diversos atores institucionais em uma democracia. Nas democracias parlamentares, como afirma Tsebelis,[18] o poder de agenda fica quase que exclusivamente com o Executivo, afinal, caso o parlamento rejeite um determinado projeto do governo, isso será visto como um voto de desconfiança e pode resultar na queda do governo. No caso de regimes presidencialistas, Tsebelis sustenta[19] que a tendência natural é de controle da agenda legislativa pelos parlamentos.

No entanto, não é difícil perceber que o poder de agenda é um dos principais instrumentos para se concretizar a eficiência democrática. Afinal, sem a possibilidade de influenciar fortemente a agenda legislativa, o programa de governo escolhido pelos eleitores não será o implementado.

Para Shugart e Carey, em uma democracia eficiente,

> *[...] elections offered an efficient choice among competing policy options and legislation is the domain of the majority party and its cabinet [...] An inefficient system, on the other hand, would be one which elections turn more on the provision of particularistic services to constituents than on policy.*[20]

É por esse motivo que, no caso de regimes presidencialistas, mecanismos que permitam algum controle da agenda pelo Poder Executivo se fazem necessários para aumentar a eficiência do sistema democrático.

17. Marco Aurélio Sampaio. *A medida provisória no presidencialismo brasileiro*. São Paulo: Malheiros, 2007. p. 129.
18. George Tsebelis. *Jugadores con veto*: cómo funcionan las instituciones políticas. México: Fondo de Cultura Económica, 2006. p. 123.
19. George Tsebelis. *Jugadores con veto*: cómo funcionan las instituciones políticas. México: Fondo de Cultura Económica, 2006. p. 119.
20. Matthew S. Shugart e John M. Carey. *Presidents and assemblies*: constitutional design and electoral dynamics. Cambridge: Cambridge University Press, 1992. p. 8.

Sampaio afirma que, "se da relação entre Executivo e legislativo resulta um poder de agenda por vezes delegado ao Executivo para determinar o momento das opções políticas a serem discutidas, em muito se afasta a paralisia decisória, ponto negativo apontado pelos críticos do presidencialismo, como natural e inexoravelmente resultante desse sistema de governo".[21]

No caso brasileiro, em um sistema com tantos *veto players* como vimos no item anterior, a necessidade de criação de mecanismos institucionais para que o Executivo possa exercer o poder de agenda é crucial.

Ainda segundo Sampaio,

> A força do poder de agenda política da Presidência da República nesse contexto é crucial. Trata-se da própria mecânica do presidencialismo de coalizão, a partir das possibilidades ditadas pela constituição. Nesse sentido, mais importante do que qualquer descrição remota de formação de coalizão (hipoteticamente programática, inserida, ainda, na fase eleitoral), ou mesmo da simples composição do gabinete de ministros (compreendida pelo intuito de busca de votos, no congresso nacional), é a demonstração da forma pela qual se garante o poder de agenda, qual seja, a conjugação de sistemática constitucional de poderes legislativos de que é dotada a presidência da república, com a centralização dos trabalhos no parlamento nas pessoas dos líderes partidários, e com a independência constitucionalmente garantida ao Executivo para a formação e desfazimento eventual de gabinete de ministros.[22]

Vários podem ser os mecanismos para aumentar o poder de agenda do Executivo,[23] e, no caso brasileiro, podemos falar em três mecanismos institucionais[24] de para tal: a possibilidade de pedido de urgência constitucional, as medidas provisórias e a iniciativa privativa.

---

21. Marco Aurélio Sampaio. *A medida provisória no presidencialismo brasileiro*. São Paulo: Malheiros, 2007. p. 128.
22. Marco Aurélio Sampaio. *A medida provisória no presidencialismo brasileiro*. São Paulo: Malheiros, 2007. p. 132.
23. Tsebelis descreve exaustivamente cada um desses mecanismos em *Jugadores con veto*: cómo funcionan las instituciones políticas. México: Fondo de Cultura Económica, 2006. p. 132-150.
24. Não se abordarão aqui mecanismos informais de pressão sobre o parlamento, mesmo sabendo que podem ter influência na formação da agenda. Também é importante deixar claro que se está falando de agenda legislativa, o Executivo possui vários mecanismos fora da discussão legislativa de impor o seu poder de agenda (agências reguladoras, empresas públicas etc.).

A urgência constitucional[25] sobrestará a pauta do Congresso Nacional até que se vote um determinado projeto. Trata-se de um mecanismo de influência direta do Executivo na agenda do Congresso Nacional.

A edição de medidas provisórias também suspende a pauta do Congresso Nacional, produzindo, do ponto de vista da agenda parlamentar, os mesmos efeitos que a urgência constitucional.

A iniciativa privativa do Presidente – que será mais bem trabalhada no próximo item – permite que o Presidente da República retire, por quanto tempo lhe parecer adequado, um determinado tema da agenda legislativa nacional. Mesmo sendo um poder negativo sobre agenda, deve ser considerado como um forte mecanismo de influência do Presidente sobre a agenda.

2.4. Os poderes legislativos do Executivo no presidencialismo

Nos três itens anteriores foi discutida a necessidade de um papel ativo do Executivo no processo legislativo tanto para aumentar a eficiência da democracia quanto para superar os *veto players*, mostrando, também, a importância da existência de mecanismos institucionais de transferência de poder de agenda ao Executivo (sobretudo em presidencialismos). E essa necessidade do papel do Executivo no processo legislativo está vinculada a uma leitura da separação de Poderes que dialogue com a crítica de imobilismo feita a este princípio. Como foi discutido no primeiro capítulo, a grande novidade do conceito moderno de separação de Poderes é justamente a de que se trata de um mecanismo capaz de controlar o poder e, ao mesmo tempo, superar o imobilismo.

Neste item será apresentado como os poderes legislativos do Presidente são parte intrínseca do presidencialismo. Como se verá, trata-se de algo natural e imprescindível para o funcionamento adequado das democracias presidencialistas.

25. Constituição Federal, art. 64, § 1º O Presidente da República poderá solicitar urgência para apreciação de projetos de sua iniciativa. 2º Se, no caso do § 1º, a Câmara dos Deputados e o Senado Federal não se manifestarem sobre a proposição, cada qual sucessivamente, em até quarenta e cinco dias, sobrestar-se-ão todas as demais deliberações legislativas da respectiva Casa, com exceção das que tenham prazo constitucional determinado, até que se ultime a votação. § 3º A apreciação das emendas do Senado Federal pela Câmara dos Deputados far-se-á no prazo de dez dias, observado quanto ao mais o disposto no parágrafo anterior.

Shugart e Carey apontam quatro critérios para se definir o presidencialismo:

> *1. Popular election of the chief executive.*
> *2. the terms of the chief executive and assembly are fixed , and are not contingent on mutual confidence.*
> *3. The elected executive names and directs the composition on the government.*
> *4.* ***The president has some constitutionally granted lawmaking authority***[26](grifo do autor).

É interessante analisar essa definição. Os três primeiros itens parecem bastante óbvios no tocante ao conceito já bastante discutido sobre o que é o presidencialismo. Entretanto, a inclusão do quarto item provém de uma leitura que compreende que, no caso do presidencialismo, o princípio de separação de Poderes nunca pode ser visto como algo estanque, mas como um verdadeiro sistema de freios e contrapesos, nos quais o essencial não é a rigidez da divisão de atribuições, e sim os controles mútuos e permanentes. É por isso que esses mesmos autores afirmam que no caso do presidencialismo nunca se deve falar em separação total de atribuições, porém o que se devem proteger são os "*mutual checks, which in turn requires that powers overlap considerably*".[27]

Para reforçar essa consideração, eles afirmam que, no caso do presidencialismo,

> *[...] if presidents do not have lawmaking power (such as veto), then they are chief executives only in the most literal way of influencing. Granting the presidentes lawmaking powers is a way of ensuring that the popular adorsement of a policy program through a presidential election can be translated into actual policy output.*[28]

Para Lois Caballero, nas democracias contemporâneas: "o Executivo passa a exercer um papel de direcionamento da atividade legislativa, através daquilo

26. Matthew S. Shugart e John M. Carey. *Presidents and assemblies*: constitutional design and electoral dynamics. Cambridge: Cambridge University Press, 1992. p. 19-20.
27. Matthew S. Shugart e John M. Carey. *Presidents and assemblies*: constitutional design and electoral dynamics. Cambridge: Cambridge University Press, 1992. p. 19.
28. Idem, ibidem, p. 20.

que se convencionou chamar de poder de agenda presidencial, por intermédio de diferentes instrumentos de atuação direta e indireta".[29]

Louis Fisher afirma que

> *[...] the ambiguity of "enumerated" and separated power is nowhere more evident than in the assignment of the legislative power. Most of the legislative power vested in Congress is now exercised, as a practical matter, by executive agencies, independent commissions, and the courts. The President's legislative power, invoked on rare occasions in the early decades, is now discharged on a regular basis throughout the year in the form of executive orders, proclamation, and other instruments of executive lawmaking. In self-defense Congress has developed a complex system that depends on procedural guidelines for agency action, judicial review, committee and subcommittee oversight, and constantly evolving structure of informal, nonstatutory controls.*[30]

Entretanto, para se poder avançar nesta discussão, é necessário estabelecer quais são os tipos de Poder Legislativo que o Presidente pode exercer no presidencialismo brasileiro.

Essa análise se configura fundamental, pois, como assevera Caballero Lois,

> Assim, na atual configuração constitucional brasileira, a medida provisória, a iniciativa reservada e o decreto autônomo exigem uma releitura por parte de juristas de suas características, funções e possibilidades de utilização, pois representam os principais instrumentos legislativos ao alcance do Executivo no processo de cooperação entre os poderes.[31]

Em nossa opinião, além dos instrumentos citados, é necessário acrescentar o veto presidencial – fundamental entre poderes legislativos do Presidente e a lei delegada. Para melhor analisar os poderes legislativos do Executivo, optou-se por classificar esses poderes em indiretos e diretos. Entre os primeiros

29. Cecilia Lois Caballero. *Separação de poderes*: vício de iniciativa. Secretaria de Assuntos Legislativos do Ministério da Justiça, 2009. p. 55. (Série Pensando o direito, n. 14.)

30. Louis Fisher. *Constitutional Conflicts between Congress ant the President*. 5. ed. Lawrence: University Press of Kansas, 2007. p. 114.

31. Cecilia Lois Caballero. *Separação de poderes*: vício de iniciativa. Secretaria de Assuntos Legislativos do Ministério da Justiça, 2009. p. 55. (Série Pensando o direito, n. 14.)

encontram-se a iniciativa privativa, o veto e o poder regulamentar. Os poderes legislativos diretos são o decreto autônomo, a lei delegada e a medida provisória.[32]

2.4.1. Poderes legislativos indiretos

2.4.1.1. Iniciativa legislativa

Mesmo sabendo que existe na doutrina uma discussão sobre se a iniciativa legislativa constitui ou não um "Poder Legislativo" do Presidente,[33] parece claro que este é um meio utilizado pelo Poder Executivo para influenciar o processo legislativo, e é isso que nos interessa para a análise a seguir.

A mera possibilidade de iniciativa, prevista no Brasil, mas inexistente, por exemplo, nos EUA, de fato perde relevância quando se percebe que o Executivo pode se utilizar de parlamentares da sua base de apoio para substituí-lo nesta função. De qualquer forma, a mera previsão da iniciativa legislativa na Constituição é um reconhecimento da necessidade da participação do Executivo no processo legislativo, e já deveria, por si só, inibir leituras estritas do princípio da separação de Poderes.

Para José Afonso da Silva,

> [...] a razão por que se atribui ao Chefe do Executivo o poder de iniciativa decorre do fato de a ele caber a missão de aplicar uma política determinada em favor das necessidades do país; mais bem informados do que ninguém dessas necessidades e dada a complexidade cada vez maior dos problemas a

---

32. Shugart e Carey trabalham com uma diferenciação distinta e que também poderia ser aplicada para este trabalho. Os autores falam de **poderes ativos e reativos**. "Os poderes reativos são aqueles por meio dos quais o Executivo pode manter a política pública mesmo se os legisladores preferirem um resultado diferente. [...] Poderes reativos são portanto conservadores, no sentido de que permitem ao Executivo evitar mudanças que de outra forma ocorreriam." O veto e a iniciativa privativa, por exemplo, seriam poderes reativos. "Poderes ativos, por outro lado, são poderes que permitem ao Executivo efetuar mudanças que o legislativo não teria iniciado por sua própria iniciativa." Aqui entrariam, por exemplo, a medida provisória e o decreto autônomo. (John M. Carey e Matthew Shugart. Poder de decreto: chamando os tanques ou usando a caneta. *Revista Brasileira de Ciências Sociais*, Anpocs, v. 13, n. 37, p. 152, jun. 1998).

33. Carré de Malberg, por exemplo, afirma sobre a III República que *"Il est impossible de prétendre que le droit d'initiative actuellement confere au président de la Republique lui assure une participation quelconque au pouvoir législatif, car le président ne peut em aucun cas éditer une loi, et de plus son consentiment n'est requis pour l'adoption d'aucune loi"*. Carré de Malberg. *Contribution à la théorie générale de l'Etat.* Paris: Dalloz, 2003. v. 2, p. 305 apud Richard Moulin. *Le Présidencialisme et la classification dês regimes politiques.* Paris: LGDJ, 1978. p. 106.

> resolver, estão os órgãos do Executivo tecnicamente mais bem aparelhados que os parlamentares, para preparar os projetos de leis; demais, sendo o chefe também da administração geral do país e possuindo meios para aquilatar as necessidades públicas, só o Executivo poderá desenvolver uma política legislativa capaz de dotar a nação de uma legislação adequada, servindo-se da iniciativa legislativa.

José Afonso da Silva argumenta ainda que a iniciativa legislativa é o mecanismo que permite que cada detentor de poder expresse a sua ideologia:

> [...] quando o Poder Executivo exerce o poder de iniciativa, apresentando um projeto de lei ao Parlamento, está atuando a sua ideologia de governo e se esforça para que a regulamentação da matéria contida no projeto seja adotada porque configurativa da posição ideológica que informa seu programa de realizações governamentais.[34]

Entretanto, a iniciativa ganha um contorno bastante diferente quando nos referimos a iniciativa exclusiva por parte do Presidente da República, ou seja, a reserva de iniciativa de alguns assuntos para o Executivo.[35]

Para Moulin, este poder tem origem na preocupação de controle financeiro.

> *Ce sont surtout les propositions ayant une influence sur l'augmentation des dépenses publiques, qui font objet d'une régulementation. On considère en effet que les members des assemblées tendent, plus que le government, à prendre des décisions à caractère démagogique, et sont rarement portés à réaliser des*

34. José Afonso da Silva. *Processo constitucional de formação das leis.* 2. ed. São Paulo: Malheiros, 2007. p. 134.

35. No caso brasileiro, a iniciativa privativa está prevista no art. 61, § 1º: "São de iniciativa privativa do Presidente da República as leis que: I – fixem ou modifiquem os efetivos das Forças Armadas; II – disponham sobre: a) criação de cargos, funções ou empregos públicos na administração direta e autárquica ou aumento de sua remuneração; b) organização administrativa e judiciária, matéria tributária e orçamentária, serviços públicos e pessoal da administração dos Territórios; c) servidores públicos da União e Territórios, seu regime jurídico, provimento de cargos, estabilidade e aposentadoria; d) organização do Ministério Público e da Defensoria Pública da União, bem como normas gerais para a organização do Ministério Público e da Defensoria Pública dos Estados, do Distrito Federal e dos Territórios; e) criação e extinção de Ministérios e órgãos da administração pública, observado o disposto no art. 84, VI; f) militares das Forças Armadas, seu regime jurídico, provimento de cargos, promoções, estabilidade, remuneração, reforma e transferência para a reserva.

> *economies, notamment en moment prééléctorale [...] Il y a plus de 200 ans qu'en Angleterre, un standing order de 1713 a établi le principe que toute ouverture de crédit exige le consentement de la couronne.*[36]

Independentemente dos motivos do estabelecimento desta restrição, é importante analisarmos suas consequências. A possibilidade de iniciativa exclusiva confere ao Presidente da República um Poder Legislativo enorme. Diferentemente do Poder de veto que, como se verá em seguida, pode, geralmente, ser revisto pelo parlamento, no caso da iniciativa exclusiva o Presidente detém um monopólio sobre o poder de agenda em determinado tema.

Este é na visão de Richard Moulin[37] o mais severo dos poderes legislativos em geral conferidos ao Presidente da República nos presidencialismos. Trata-se de procedimento que *"risque de vider de son sens la compétence législative dês chambres"*.

Para Shugart e Carey, o poder de iniciativa privativa transforma o Executivo em o *"most important legislative actor in those domains"*.[38]

E a utilização ocorre com ampla frequência. Segundo Tsebelis,

> [...] em mais de 50% de todos os países, os governos encaminham mais de 90% dos projetos de lei. Além disso, a probabilidade de que esses projetos sejam aprovados é muito alta: mais de 60% passam com uma probabilidade superior a 0,9 e mais de 85% são aprovados com uma probabilidade maior do que 0,8.[39]

2.4.1.2. Veto

O poder de veto pelo Presidente da República convive com a formulação moderna do conceito de freios e contrapesos desde a sua origem. Afinal, Montesquieu já admitia expressamente o poder de veto do Executivo em *O*

36. Richard Moulin. *Le Présidencialisme et la classification dês regimes politiques*. Paris: LGDJ, 1978. p. 108.
37. Idem, ibidem, p. 111.
38. John M. Carey e Matthew Shugart. Poder de decreto: chamando os tanques ou usando a caneta. *Revista Brasileira de Ciências Sociais*, Anpocs, v. 13, n. 37, p. 139, jun. 1998.
39. George Tsebelis. Processo decisório em sistemas políticos: *veto players* no presidencialismo, parlamentarismo, multicameralismo e pluripartidarismo. Disponível em: <http://www.anpocs.org.br/portal/publicacoes/rbcs_00_34/rbcs34_06.htm>.

espírito das leis.[40] De fato, o mecanismo é adotado pela grande maioria das constituições presidencialistas.[41]

O veto é sem dúvida parte do Poder Legislativo do Presidente. Trata-se de uma influência pesada e direta no processo legislativo. Menelick de Carvalho é claro neste sentido ao afirmar que a sanção presidencial "é uma participação de natureza legislativa, uma vez que constitutiva da lei".[42] Para Richard Moulin o veto "*équivaudrait à un véritable pouvoir d'imposer les textes que l'exécutif veut voir adopter*".[43]

Para José Afonso da Silva,

> [...] o veto é um instrumento de controle da legislação não apenas do ponto de vista da constitucionalidade, como também dos interesses, conteúdo do projeto de lei.
>
> A Constituição prevê sua utilização para impedir, ou tentar impedir, que se promulguem leis inconstitucionais ou contrárias aos interesses nacionais. Na realidade, não fica nisso. Porque serve ele para selecionar a matéria e interesses a serem tutelados em face do programa de governo adotado pelo Executivo. Há aqui a possibilidade de harmonizar o exercício do poder de iniciativa legislativa governamental. Este, como vimos, constitui um instrumento de atuação de um programa político, programa de governo. Acontece que, através da iniciativa parlamentar e do poder de emendar, são adotados projetos de leis, no Parlamento, inadequados ou incompatíveis com o programa governamental, os quais, convertidos em lei, importam em desvio ou elemento perturbador do plano de governo. O veto, nesse caso, atua como um fator corretivo, segundo a ideologia do governo, numa tentativa de impedir que tais leis venham desarticular sua programação.[44]

---

40. *"Si la puissance éxecutrice n'a pas le droit d'arreter les entreprises du corps législatif, celui-ci será despotique; car comme il pourra se donner tout le pouvoir qu'il peut s'imaginer, il anéantira toutes les autres puissances."* Montesquieu. *L'Esprit des Lois*, p. 20. Disponível em: <http://books.google.com.br/books?id=64gOAAAAYAAJ&pg=PA17&lpg=PA17&dq=facult%C3%A9+d'empecher+montesquieu&source=bl&ots=0dGBA5vlSi&sig=HK6xeCIRS7U88G61zWesDDaw2NE&hl=pt-BR&ei=JjBKS46oLMqEuAfey-SGAg&sa=X&oi=book_result&ct=result&resnum=8&ved=0CCEQ6AEwBw#v=onepage&q=&f=false>.

41. Richard Moulin. *Le Présidencialisme et la classification dês regimes politiques.* Paris: LGDJ, 1978. p. 138.

42. Menelick de Carvalho Netto. *A sanção no procedimento legislativo.* Belo Horizonte: Del Rey, 1992. p. 201.

43. Richard Moulin. *Le Présidencialisme et la classification dês regimes politiques.* Paris: LGDJ, 1978. p. 140.

44. José Afonso da Silva. *Processo constitucional de formação das leis.* 2. ed. São Paulo: Malheiros, 2007. p. 217.

O veto, portanto, só adquire sentido político por se reconhecer que, no presidencialismo, o Presidente pode ser derrotado no parlamento. Seja pelo fato de o presidencialismo admitir a possibilidade de um governo não contar com o apoio da maioria dos parlamentares, seja porque no presidencialismo, como afirmam Shugart e Carey, em razão de não haver necessidade de um voto de confiança, a análise dos projetos feita pelo parlamento, muitas vezes, é de mérito, sem conexão direta com o apoio do governo.[45]

Assim, o veto é mais um mecanismo que permite ao Executivo romper o imobilismo que a separação de Poderes, principalmente no presidencialismo, pode gerar.

O veto tem uma característica interessante por ser um dos momentos mais claros – e mais consolidados historicamente – de diálogo constitucional. O Presidente pode vetar um projeto aprovado no parlamento – e deve expor suas razões para isso –, mas o parlamento pode, com o apoio de 2/3 de seus membros, derrubar este veto, e, posteriormente, o Poder Judiciário pode declarar a inconstitucionalidade da lei promulgada. Esta presença forte do diálogo entre os Poderes, como expressão de um sistema de freios e contrapesos, permite que o veto, mesmo sendo um poder tão forte, como vimos acima, seja considerado não como uma violação, mas como parte essencial do princípio da separação de Poderes no presidencialismo.

2.4.1.3. Poder regulamentar

A Constituição Federal estabelece que compete ao Presidente da República expedir decretos e regulamentos para fiel execução das leis (art. 84, inciso IV). Como explica Canotilho, trata-se de

> [...] uma norma emanada pela administração no exercício da função administrativa e, regra geral, com carácter Executivo e/ou complementar da lei. É um **acto normativo** e não um acto administrativo singular; é um acto normativo com valor legislativo. Como se disse, os regulamentos não constituem uma manifestação da função legislativa, antes se revelam como expressões normativas da função administrativa.[46]

45. John M. Carey e Matthew Shugart. Poder de decreto: chamando os tanques ou usando a caneta. *Revista Brasileira de Ciências Sociais*, Anpocs, v. 13, n. 37, p. 46, jun. 1998.
46. J.J. Gomes Canotilho. *Direito constitucional e teoria da Constituição*. 7. ed. Coimbra: Almedina p. 833.

Entretanto, apesar de Canotilho deixar claro que o poder regulamentar não faz parte da função legislativa, há uma zona de fronteira entre aquilo que se pode estabelecer por decreto regulamentar sem que se ultrapasse o sentido da lei, que é alvo significativo do processo de diálogo constitucional entre os Poderes Legislativo e Executivo.

Em absoluta sintonia com o sistema de freios e contrapesos que valoriza os controles sobre as competências rigidamente definidas, a própria Constituição Federal, admitindo a possibilidade de excesso de poder regulamentar, confere ao Congresso Nacional a possibilidade de "*sustar os atos normativos do Poder Executivo que exorbitem o poder regulamentar*" (art. 49, inciso V).

Tal mecanismo demonstra a confiança do nosso sistema constitucional em um sistema de controles recíprocos para frear o abuso, intensificando o diálogo público entre os Poderes.

2.4.2. Poderes legislativos diretos

2.4.2.1. Decretos autônomos

Lois Caballero ensina que,

> [...] antes da EC nº 32/01, competia à lei nos termos do art. 48, XI, dispor sobre "criação, transformação e extinção de cargos, empregos e funções públicas" e sobre "criação, transformação e extinção de cargos, e órgãos da administração pública". Ou seja, com relação aos Ministérios e aos cargos públicos, a criação destes e a criação e estruturação daqueles dar-se-iam por meio de lei para, em um segundo momento, e, na forma da lei, operar-se uma organização (dos Ministérios ou dos órgãos públicos da Administração Pública Federal) por intermédio de uma espécie de decreto que não era, na essência, de execução.
>
> Com a entrada em vigor da EC nº 32/01, enquanto a criação de órgãos públicos, bem como a de Ministérios, continua ao abrigo da reserva legal, a organização e o funcionamento da administração federal, desde que não implique aumento de despesa nem criação ou extinção de órgãos públicos operar-se-ão via decreto.[47]

47. Cecilia Lois Caballero. *Separação de poderes*: vício de iniciativa. Secretaria de Assuntos Legislativos do Ministério da Justiça, 2009. p. 41-42. (Série Pensando o direito, n. 14.)

Ou seja, os decretos autônomos permitem ao Presidente da República tratar por decreto temas que exigiam, até 2001, a edição de lei.

Os decretos autônomos diferem dos decretos regulamentares, pois estes estão vinculados – e derivam diretamente – de lei prévia, enquanto aqueles representam verdadeira inovação da ordem jurídica. Para Di Pietro, "o regulamento autônomo ou independente inova na ordem jurídica porque estabelece normas sobre matérias não disciplinadas em lei; ele não completa nem desenvolve nenhuma lei prévia".[48]

No mesmo sentido, Oswaldo Aranha Bandeira de Mello afirma que

> [...] os regulamentos independentes ou autônomos, na verdade são verdadeiras leis, e assim, chamados tão somente porque emanados pelo Poder Executivo, pois não constituem desenvolvimento de qualquer lei ordinária, mas correspondem ao exercício de prerrogativa de legislar a ele reconhecida com base no Direito Constitucional.[49]

É importante perceber que a Emenda Constitucional nº 32/2001 conferiu, portanto, verdadeiros poderes legislativos ao Poder Executivo. Entretanto, diferentemente do que veremos no caso das medidas provisórias, o decreto autônomo não se insere em um processo de diálogo constitucional entre os Poderes Executivo e Legislativo (por suposto, sempre poderá haver uma intervenção no âmbito do Poder Judiciário), fruto do sistema de freios e contrapesos, pois o Poder Legislativo não dispõe de nenhuma forma de controle sobre o conteúdo dos decretos autônomos.[50]

É verdade que os assuntos tratados em decretos autônomos, apesar da natureza legislativa, são inerentes à atividade de administrar. No entanto, como veremos no próximo capítulo, a maioria das medidas provisórias também trata de assuntos inerentes à atividade de administrar, mas isso não significa que o Congresso não deva exercer (e não exerça de fato) controle ativo sobre seus conteúdos.

48. Maria Sylvia Zanella Di Pietro. *Direito administrativo*. 20. ed. São Paulo: Atlas, 2007. p. 79.

49. Oswaldo Aranha Bandeira de Mello. *Princípios gerais do direito administrativo*. São Paulo: Malheiros, 2007. p. 359.

50. Como vimos, o art. 49, inciso V, da Constituição confere poderes ao Congresso apenas para sustar atos que "exorbitem o poder regulamentar", e neste caso não se está falando de poder regulamentar do Presidente.

A edição do Decreto nº 7.037 de 2009, que aprovou o Programa Nacional de Direitos Humanos, é um excelente exemplo da relevância política que um decreto autônomo pode tomar.[51] Apesar de esse decreto, com forte teor normativo, ter causado uma discussão intensa na sociedade, o Congresso Nacional não possuía nenhum instrumento institucional para exercer um controle sobre o seu conteúdo.

O que se percebe, então, é que, no caso do decreto autônomo, há, de fato, um poder do Executivo que não se submete ao debate com o Legislativo (o que não ocorre nas medidas provisórias, como veremos adiante). Neste caso, sim, poder-se-ia discutir se o desenho institucional de freios e contrapesos está funcionando plenamente no sentido de democratizar a produção normativa, mas este não é o objeto deste trabalho.

2.4.2.2. Leis Delegadas

A Constituição brasileira prevê a possibilidade de o Legislativo delegar ao Executivo a edição de leis em determinados assuntos. Tal dispositivo está previsto no art. 48 da Constituição Federal.[52]

Esse instrumento tem por objetivo permitir ao Executivo editar normas sobre temas nos quais o Legislativo reconhece ser necessário alterar o *status quo*, mas que, entretanto, não consegue formar maiorias para isso. Delega-se, então, ao Executivo a possibilidade de elaborar a norma dentro de limites previamente estabelecidos.

A lei delegada nunca foi utilizada na vigência da Constituição de 1988, por isso não merece uma atenção especial quando analisamos a relação entre os Poderes Legislativo e Executivo no Brasil. O que interessa para este trabalho é entender a lei delegada como parte integrante do sistema de freios

51. O Programa causou enorme polêmica na sociedade. Para ilustrar a intensidade da discussão, basta apontar que a principal manchete do jornal *Folha de S. Paulo* durante três dias seguidos (9, 10 e 11/01/2010) tratou do tema.

52. Art. 68. As leis delegadas serão elaboradas pelo Presidente da República, que deverá solicitar a delegação ao Congresso Nacional. § 1º Não serão objeto de delegação os atos de competência exclusiva do Congresso Nacional, os de competência privativa da Câmara dos Deputados ou do Senado Federal, a matéria reservada à lei complementar, nem a legislação sobre: I – organização do Poder Judiciário e do Ministério Público, a carreira e a garantia de seus membros; II – nacionalidade, cidadania, direitos individuais, políticos e eleitorais; III – planos plurianuais, diretrizes orçamentárias e orçamentos. § 2º A delegação ao Presidente da República terá a forma de resolução do Congresso Nacional, que especificará seu conteúdo e os termos de seu exercício. § 3º Se a resolução determinar a apreciação do projeto pelo Congresso Nacional, este a fará em votação única, vedada qualquer emenda.

e contrapesos brasileiros. Isso certamente é importante dentro dos objetivos deste trabalho, que deseja discutir se a utilização das medidas provisórias no Brasil representa "clara subversão da vontade inscrita no texto de nossa Lei fundamental",[53] ou se, ao contrário, se encontra dentro do desenho constitucional da separação de Poderes no Brasil.

Para Gilmar Mendes, Inocêncio Mártires Coelho e Paulo Gonet Branco,

> [...] a delegação legislativa é instituto de índole excepcional no quadro da tripartição de Poderes, característica que deve ser sempre levada em conta para a solução dos problemas jurídicos que a delegação legislativa pode suscitar. A Constituição, no art. 68, submete a delegação legislativa a restrições formais e materiais.

De fato, a interpretação sobre o cumprimento dos requisitos formais e materiais do procedimento de elaboração da lei delegada deve ser a mais estrita possível. Entretanto, acreditamos que o fundamento desta rigidez seja que a leitura sobre a delegação legislativa só pode ser feita enxergando neste instrumento uma parte do desenho constitucional do nosso sistema de freios e contrapesos que valoriza o intenso diálogo constitucional, e nunca compreendendo-o como um instrumento excepcional ao sistema de separação de Poderes.

O que percebemos com a existência da lei delegada na Constituição de 1988 nos ajuda a entender que uma leitura sistêmica da Constituição nos faz enxergar um desenho nada rígido na divisão de atribuições entre os Poderes e uma grande preocupação com um sistema de controles constitucionais em um ambiente de diálogo institucional.

2.4.2.3. Medidas provisórias

As medidas provisórias são a forma mais direta da manifestação do poder de legislar do Executivo. Trata-se da edição de norma com "força de lei" editada pelo Presidente da República, que passa a ter eficácia imediata, conforme dita o art. 62 da Constituição Federal.[54]

53. MS 27931 MC/DF, Min. Celso de Mello, *Informativo* 540 do STF, 2009.

54. I – relativa a: a) nacionalidade, cidadania, direitos políticos, partidos políticos e direito eleitoral; b) direito penal, processual penal e processual civil; c) organização do Poder Judiciário e do Ministério Público, a carreira e a garantia de seus membros; d) planos plurianuais, diretrizes orçamentárias,

A doutrina é praticamente unânime em apontar a medida provisória como descendente direta do decreto lei.[55] Alguns autores,[56] inclusive, apontam que se trata de retrocesso relativamente ao seu predecessor pela instabilidade jurídica que propicia.

A maioria dos textos que tratam sobre a medida provisória dedica boa parte do estudo a discutir a natureza jurídica da medida provisória.[57] Essa

---

orçamento e créditos adicionais e suplementares, ressalvado o previsto no art. 167, § 3º; II – que vise a detenção ou sequestro de bens, de poupança popular ou qualquer outro ativo financeiro; III – reservada a lei complementar; IV – já disciplinada em projeto de lei aprovado pelo Congresso Nacional e pendente de sanção ou veto do Presidente da República. § 2º Medida provisória que implique instituição ou majoração de impostos, exceto os previstos nos arts. 153, I, II, IV, V, e 154, II, só produzirá efeitos no exercício financeiro seguinte se houver sido convertida em lei até o último dia daquele em que foi editada. § 3º As medidas provisórias, ressalvado o disposto nos §§ 11 e 12 perderão eficácia, desde a edição, se não forem convertidas em lei no prazo de sessenta dias, prorrogável, nos termos do § 7º, uma vez por igual período, devendo o Congresso Nacional disciplinar, por decreto legislativo, as relações jurídicas delas decorrentes. § 4º O prazo a que se refere o § 3º contar-se-á da publicação da medida provisória, suspendendo-se durante os períodos de recesso do Congresso Nacional. § 5º A deliberação de cada uma das Casas do Congresso Nacional sobre o mérito das medidas provisórias dependerá de juízo prévio sobre o atendimento de seus pressupostos constitucionais. § 6º Se a medida provisória não for apreciada em até quarenta e cinco dias contados de sua publicação, entrará em regime de urgência, subsequentemente, em cada uma das Casas do Congresso Nacional, ficando sobrestadas, até que se ultime a votação, todas as demais deliberações legislativas da Casa em que estiver tramitando. § 7º Prorrogar-se-á uma única vez por igual período a vigência de medida provisória que, no prazo de sessenta dias, contado de sua publicação, não tiver a sua votação encerrada nas duas Casas do Congresso Nacional. § 8º As medidas provisórias terão sua votação iniciada na Câmara dos Deputados. § 9º Caberá à comissão mista de Deputados e Senadores examinar as medidas provisórias e sobre elas emitir parecer, antes de serem apreciadas, em sessão separada, pelo plenário de cada uma das Casas do Congresso Nacional. § 11. Não editado o decreto legislativo a que se refere o § 3º até sessenta dias após a rejeição ou perda de eficácia de medida provisória, as relações jurídicas constituídas e decorrentes de atos praticados durante sua vigência conservar-se-ão por ela regidas. § 12. Aprovado projeto de lei de conversão alterando o texto original da medida provisória, esta manter-se-á integralmente em vigor até que seja sancionado ou vetado o projeto.

55. Neste sentido, por exemplo, Gilmar Ferreira Mendes, Inocêncio Mártires Coelho, Paulo Gustavo Gonet Branco. *Curso de direito constitucional*. 2. ed. São Paulo: Saraiva, 2008. p. 882; José Levi Mello do Amaral Júnior. *Medida provisória e a sua conversão em lei*: a Emenda Constitucional n. 32 e o papel do Congresso Nacional. São Paulo: RT, 2004. p. 35; Sergio Rezende de Barros. Medidas, provisórias? Disponível em: <http://www.srbarros.com.br/pt/medidas---provisorias-.cont>. Acesso em: 31 jan. 2010; Janine Malta Massuda. *Medidas provisórias*: os fenômenos na reedição. Porto Alegre: Fabris, 2001. p. 33 e s.; Wadih Damous e Flavio Dino. *Medidas provisórias no Brasil*: origem, evolução e novo regime constitucional. Rio de Janeiro: Lumen Juris, 2005. p. 49.

56. Sergio Rezende de Barros. Medidas, provisórias? Disponível em: <http://www.srbarros.com.br/pt/medidasprovisorias.cont>. Acesso em: 31 jan. 2010; e José Levi Mello do Amaral Júnior. *Medida provisória e a sua conversão em lei*: a Emenda Constitucional n. 32 e o papel do Congresso Nacional. São Paulo: RT, 2004.

57. Para Mendes, Coelho e Gonet, trata-se de "lei sob condição resolutiva" (*Curso de direito constitucional*. 2. ed. São Paulo: Saraiva, 2008. p. 884); para Amaral Júnior, "em face de seus destinatários [é] ato normativo primário – e provisório – em razão da força de lei que lhe é atribuída

discussão não é o foco da análise que nos propomos a fazer. Para este estudo, o tema relevante é concernente a quais são os delineamentos institucionais deste instituto no sistema de freios e contrapesos do presidencialismo brasileiro.

Nesse sentido, é ilustrativa a abordagem de Marco Aurélio Sampaio, para quem

> [...] são equivocadas as tentativas de definição. Em geral, não só partem de uma leitura apegada à separação estanque de Poderes, como também se mostram alheias à realidade de que o Executivo legisla, em conjunto com o Legislativo, na maioria das vezes, dentro da agenda eleita pela coalizão governamental. Mais: o Executivo legisla e o faz como ato típico seu. A separação de Poderes brasileira, como demonstrado, traz em si poderes legislativos típicos da Presidência, primários a ela, em outras palavras. É atribuição do Presidente editar medidas provisórias com força de lei, pelo teor do art. 84, inc. XXVI, da CF. Isso afirma sua atribuição constitucional direta, fazendo-se típica, entre suas funções, a edição de medidas provisórias.[58]

Essa abordagem é muito útil dada a insistência de parte da doutrina em tratar a medida provisória como ato "de caráter excepcional no quadro da separação dos Poderes".[59]

Para entender, portanto, como a medida provisória se encaixa no desenho da separação de Poderes brasileira, faz-se necessário analisar os mecanismos que a Constituição possui para que o diálogo constitucional se produza de forma pública com controle de poder e abrindo espaço para as transformações sociais.

Este desenho aparece na forma de limitações formais e materiais à edição de medidas provisórias e no procedimento para sua conversão definitiva em lei.

---

enquanto não rejeitada expressamente pela Constituição; e em face do Congresso Nacional, projeto de conversão de normas provisórias em normas permanentes desde a edição" (*Medida provisória e a sua conversão em lei*: a Emenda Constitucional n. 32 e o papel do Congresso Nacional. São Paulo: RT, 2004. p. 214-215); para Damous e Dino há três correntes na doutrina: as "medidas provisórias como 'fato consentido' pela constituição como 'poder delegado' ao Executivo e 'como 'poder próprio' outorgado ao Executivo". Esta última por eles defendida.

58. Marco Aurélio Sampaio. *A medida provisória no presidencialismo brasileiro.* São Paulo: Malheiros, 2007. p. 200.

59. Gilmar Ferreira Mendes, Inocêncio Mártires Coelho, Paulo Gustavo Gonet Branco. *Curso de direito constitucional.* 2. ed. São Paulo: Saraiva, 2008. p. 884.

Como ensina José Afonso da Silva, são pressupostos formais a relevância e a urgência, e "os materiais dizem respeito às matérias que podem ser por elas reguladas".[60]

2.4.2.3.1. Relevância e urgência

A Constituição de 1988 estabelece como requisitos formais para a edição de uma medida provisória a relevância e a urgência da matéria tratada. Esse é, sem dúvida, um dos temas mais polêmicos da análise sobre as medidas provisórias. A doutrina e a jurisprudência têm oscilado entre posições bastante divergentes.

Celso Antônio Bandeira de Mello nos traz importante consideração para iniciar o debate:

> A circunstância de relevância e urgência serem – como efetivamente são – conceitos "vagos", fluidos, imprecisos, não implica que lhes faleça densidade significativa. Se dela carecessem não seriam conceitos e as expressões com que são designadas não passariam de ruídos ininteligíveis, sons ocos, vazios de qualquer conteúdo. Faltando-lhes o caráter de palavras, isto é, de signos que se remetem a um significado.[61]

Portanto, é evidente que **relevância e urgência** são limites dados ao poder de legislar do Executivo. Discutir-se-ão neste item quais o alcance e as consequências jurídicas destes limites.

Sobre a definição do que seria a relevância da matéria tratada a discussão é menos acalorada no debate público. É muito difícil argumentar sobre se uma matéria que mereça ser tratada por lei carece de relevância (se o assunto da medida provisória não constituir matéria a ser tratada por lei, a questão não será a falta de relevância da matéria, mas a utilização de instrumento normativo inadequado).[62]

---

60. José Afonso da Silva. *Processo constitucional de formação das leis*. 2. ed. São Paulo: Malheiros, 2007. p. 333.
61. Celso Antônio Bandeira de Mello. Perfil constitucional das medidas provisórias. *RDP*, São Paulo: RT, n. 95, 1991 p. 31-32.
62. Damous e Dino (*Medidas provisórias no Brasil*: origem, evolução e novo regime constitucional. Rio de Janeiro: Lumen Juris, 2005. p. 100) lembram, como exemplo de falta de relevância, a MP nº 185 de 1990, que incluiu Tiradentes e o Marechal Deodoro no Livro de heróis da pátria.

O grande debate no tocante aos pressupostos formais das medidas provisórias faz-se sobre o conceito de urgência.

Para muitos autores, a urgência tem relação direta com a excepcionalidade ou imprevisibilidade da matéria tratada. Consoante Janine Massuda, "deve haver uma situação de fato, concreta, aferível, real que implique risco ou prejuízo".[63] Amaral Júnior enfatiza que deve haver critérios objetivos para se definir o que é urgência.[64] Manoel Gonçalves Ferreira Filho afirma que,

> [...] fora de circunstâncias manifestamente excepcionais, como as graves crises: guerra, insurreição, crise econômico-financeira, descabem "medidas provisórias", ou "decretos-leis", ou regras legisladas pelo Executivo, seja qual for o nome que tenham, exceto as leis delegadas, pois neste caso haverá a prévia autorização do Legislativo.[65]

Ora, mas não pode ser tão estrita a definição constitucional do que significa urgência porque a Constituição tratou, em outro momento,[66] de situações tão extraordinárias quanto estas. Ao estabelecer, no § 3º do art. 167, a possibilidade de abertura de créditos extraordinários por medida provisória, a Constituição não se limitou à expressão **urgência**, e foi muito mais assertiva: "a abertura de crédito extraordinário somente será admitida para atender as despesas imprevisíveis e urgentes, como as decorrentes de guerra, comoção interna ou calamidade pública, observado o disposto no art. 62".

Se a **urgência** prevista no art. 62 recebesse um significado tão estrito como essas situações dispostas no art. 167, este artigo far-se-ia completamente inócuo, bastando a remissão ao art. 62. A própria palavra **imprevisíveis** ao lado de **urgentes** demonstra que a imprevisibilidade não está contida no conceito de urgência.

Mesmo neste caso, se existe exigência de que a inclusão de personalidades no referido Livro se dê por lei, é porque o ordenamento jurídico brasileiro conferiu relevância à questão.

63. Janine Malta Massuda. *Medidas provisórias*: os fenômenos na reedição. Porto Alegre: Fabris, 2001. p. 56.

64. José Levi Mello do Amaral Júnior. *Medida provisória e a sua conversão em lei*: a Emenda Constitucional n. 32 e o papel do Congresso Nacional. São Paulo: RT, 2004. p. 159.

65. Manoel Gonçalves Ferreira Filho. A disciplina constitucional das crises financeiras. *RDA*, Rio de Janeiro: Fundação Getulio Vargas, jul.-dez. 1990. p. 35.

66. Neste sentido, Wadih Damous e Flavio Dino. *Medidas provisórias no Brasil*: origem, evolução e novo regime constitucional. Rio de Janeiro: Lumen Juris, 2005. p. 95.

E a Constituição não considera as medidas provisórias como o único instrumento ao qual é conferida a **urgência** constitucional. Há também a possibilidade de o Executivo qualificar como urgentes projetos de lei de sua autoria. Tal medida tem o mero condão de priorizar a análise de tais projetos na pauta do Congresso. A urgência aqui é a justificativa para que o Poder Executivo possa aumentar o seu poder de agenda sobre o Congresso. Ora, não há nenhuma razão para que se empreste à palavra urgência significado mais denso quando ela qualifica uma medida provisória do que quando ela se vincula a projeto de lei que sobrestará a pauta. A palavra urgência na Constituição Federal tem por escopo permitir o aumento do poder de agenda do Executivo.

A possibilidade da edição de medidas provisórias em matéria tributária, produzindo efeitos apenas no ano seguinte à sua conversão em lei pelo Congresso (art. 62, § 2º), demonstra que a urgência pode estar relacionada à necessidade de acelerar o processo legislativo. Apesar de parte da doutrina rechaçar expressamente esta interpretação,[67] o STF já a admitiu expressamente

> [...] a existência de projeto de lei sobre a matéria, antes de provar a falta de urgência, pode evidenciá-la, se o processo legislativo não se ultima no tempo em que o Poder competente razoavelmente reputa necessário à vigência da inovação proposta, que, de qualquer modo, ficará sujeita à decisão *ex tunc* do Congresso Nacional.[68]

Deve-se, então, buscar as consequências desta leitura. Para Sampaio,

> [...] não se discute a capacidade que qualquer pessoa tem, por si mesma, de avaliar o que seja urgente e relevante, mas se questiona se é isso o que deve ser esperado quando, executando a tarefa mais como desde a fundação do Estado, elege-se um governante. Escolheu-se alguém – no caso brasileiro um grupo, melhor dizendo –, para afirmar a ordem de preferências de agenda e, em face delas, dizer o que é urgente. Não se discute que a fluidez do conteúdo dos pressupostos da medida provisória não sirva de obstáculos a escolhas e valorações governamentais, mas apenas se ressalta a óbvia consequência de

67. Segundo Damous e Dino, "a lentidão dos trabalhos parlamentares não deve servir de justificativa, como se pressuposto fosse, para a edição de medida provisória".
68. Voto do Ministro Sepúlveda Pertence na ADI-MC 526-0/DF.

> que é ao governo que cabe desfazer essa fluidez, em face de uma agenda que decorre da conjugação de forças políticas representadas no exercício do poder. A partir de tal raciocínio, bem como sendo o controle da edição de medidas provisórias reservado ao Parlamento, descabe ao Judiciário ingressar na análise do que se resolveu chamar, indevidamente, excesso de poder de legislar. Isso seria usurpar função do legislador unificado a que se refere aqui. A ele, internamente, é que cabe ver se há ou não excessos. O Judiciário, tomando as inexistentes dores do Legislativo, não pode tomar o posicionamento político de controlar as escolhas governamentais.[69]

Assim, segundo o autor, a urgência seria um critério exclusivamente político de definição interna entre os Poderes Legislativo e Executivo. De fato, a redação constitucional dada pela Emenda Constitucional nº 32 reforçou o Congresso Nacional como espaço competente para a discussão dos critérios constitucionais de relevância e urgência. Quando inseriu o texto do § 5º do art. 62 ("A deliberação de cada uma das Casas do Congresso Nacional sobre o mérito das medidas provisórias dependerá de juízo prévio sobre o atendimento de seus pressupostos constitucionais"), o constituinte explicitou que esses critérios devem ser expressamente analisados pelo Congresso Nacional.

As medidas provisórias devem ser compreendidas dentro do desenho constitucional brasileiro de freios e contrapesos entre os Poderes. Como se pôde ver ao longo deste trabalho, este desenho procura produzir um diálogo constante e público entre os Poderes, de forma a gerar um controle permanente dos abusos de poder, sem que isso afete a possibilidade de alteração do *status quo* dentro do processo democrático. Este tipo de relação deve sempre privilegiar a incorporação de novos atores neste diálogo e exigir que este se dê a partir do respeito aos direitos fundamentais e com justificativas públicas que deem conta de que o titular da soberania deve poder debater cada um destes argumentos.

Neste sentido, não parece razoável extirpar a possibilidade de mais um Poder (o Judiciário) participar deste diálogo constitucional. No entanto, este controle, feito pelo Judiciário, deve ser realizado no sentido de observar se o

69. Marco Aurélio Sampaio. *A medida provisória no presidencialismo brasileiro*. São Paulo: Malheiros, 2007. p. 196-197.

Executivo justificou publicamente motivos razoáveis (para empregar a expressão utilizada por Pertence em seu voto) para que aquela matéria seja considerada urgente, e se esses motivos foram publicamente aceitos pelo Congresso Nacional.

Assim, o estabelecimento de critérios objetivos não parece ser o caminho exigido pelo nosso desenho constitucional, e sim a ampliação do diálogo público e motivado entre os Poderes.

Para realizar esta análise sob essa perspectiva, deve-se examinar a extensão deste poder de legislar conferido pela Constituição ao Executivo.

2.4.2.3.2. Restrições materiais

O texto original da Constituição não trazia qualquer restrição material explícita à edição de medidas provisórias. Entretanto, a doutrina[70] e a jurisprudência[71] foram construindo algumas limitações até que estas medidas foram definitivamente incorporadas pelo constituinte na Emenda Constitucional nº 32.

Não se fará aqui exaustiva análise de cada uma das restrições materiais previstas no art. 62 da Constituição. Mais uma vez, o que interessa para este trabalho é entender o sentido do desenho colocado pelo constituinte para que possamos compreender o nosso modelo de separação de Poderes.

Como se tem discutido ao longo desta obra, a existência de controles na Constituição, do ponto de vista do constitucionalismo contemporâneo, justifica-se para a proteção de direitos fundamentais. O desafio de um modelo de separação de Poderes (e do constitucionalismo) no início deste século é conciliar a proteção dos direitos fundamentais com a soberania popular. Assim, muitos desenhos institucionais vão se formando para permitir que um sistema incorpore o conceito de eficiência democrática sem atingir direitos fundamentais. Como tem se discutido até aqui, a medida provisória, como instrumento de legislação pelo Executivo, é fundamental para superar os *veto players* que tendem a impedir a alteração do *status quo*, mesmo que isso seja fruto da expressão da vontade popular. Entretanto, o constitucionalismo contemporâneo exige que se coloquem travas na possibilidade que este mecanismo venha a afetar direitos fundamentais.

---

70. Por exemplo, Janine Malta Massuda. *Medidas provisórias*: os fenômenos na reedição. Porto Alegre: Fabris, 2001. p. 88-92.
71. ADI 295 e Agravo de Instrumento 147734-2.

É desta perspectiva que se deve enxergar a existência de limitações materiais à edição de medidas provisórias. Se o Executivo fica impedido de editar medidas provisórias que tratem, por exemplo, de direito penal, processual, nacionalidade, cidadania, direitos políticos, partidos políticos e direito eleitoral, é muito mais difícil que elas possam restringir direitos fundamentais. O Executivo fica, pois, restrito a legislar sobre temas vinculados à administração. No próximo capítulo, serão verificadas esta hipótese e a influência da Emenda Constitucional nº 32 nesse sentido, por meio de pesquisa empírica.

2.4.2.3.3. Procedimento legislativo das medidas provisórias

No esforço de compreender a medida provisória como parte do desenho da separação de Poderes brasileira, deve-se olhar com atenção a maneira pela qual os freios e contrapesos são exercidos neste caso. Ou seja, se, como se está verificando ao longo deste trabalho, para a concretização do princípio da separação de Poderes, não se deve observar uma divisão estanque de atribuições, e sim buscar concretizar um diálogo público entre os Poderes que impeça o abuso de poder, proteja os direitos fundamentais e possibilite transformações sociais a partir do exercício da soberania popular, o olhar sobre a forma como Congresso recebe e processa as medidas provisórias (e, portanto, dialoga publicamente com os outros Poderes) é fundamental.

Dentro desse processo de diálogo entre os Poderes, Carey e Shugart afirmam que um dos critérios fundamentais para se analisarem os decretos emanados pelo Executivo é se "as propostas do Executivo se tornam ou não leis permanentes mesmo sem a ação legislativa".[72] Para os autores, tal critério "nos diz se há ou não oportunidade de debate das medidas antes de elas virarem lei".

O texto original da Constituição estabelecia que as medidas provisórias perderiam eficácia no caso de não serem convertidas em lei em até 30 dias. A interpretação conferida pela jurisprudência sobre este dispositivo[73] permitia que a cada 30 dias o Executivo reeditasse a medida provisória, impedindo-a de perder a eficácia. Esta interpretação aproximava a medida provisória

72. John M. Carey e Matthew Shugart. Poder de decreto: chamando os tanques ou usando a caneta. *Revista Brasileira de Ciências Sociais*, Anpocs, v. 13, n. 37, p. 153, jun. 1998.
73. Não se discutirá aqui a vastíssima divergência que grande parte da doutrina manifestou com esta interpretação. O que interessa para este trabalho é compreender o ambiente institucional em que ocorria o diálogo constitucional entre os poderes, e não há dúvidas de que antes da Emenda Constitucional nº 32 este ambiente era o da possibilidade de reedição de medidas provisórias.

do decreto-lei, que poderia ser revogado pelo Congresso, mas tinha caráter permanente no caso do silêncio do parlamento. A medida provisória até a Emenda Constitucional nº 32 poderia ser considerada como lei permanente, caso o Congresso não saísse da inércia política e se manifestasse expressamente, desde que o Executivo a republicasse no diário oficial.

Tal mecanismo não favorece o diálogo público entre os Poderes: ao contrário, nesse caso, o silêncio do Legislativo favorece o Poder Executivo, e é exatamente este tipo de desenho que é incompatível com o princípio da separação de Poderes.

Com a Emenda Constitucional nº 32, as reedições passam a ser expressamente vedadas. O prazo foi alargado de 30 para 180 dias, criando-se a possibilidade de um debate real sobre a matéria, e se estabeleceu que as pautas ficam sobrestadas depois de 45 dias, forçando o Congresso Nacional a se manifestar publicamente sobre o conteúdo da norma editada pelo Executivo.

Este desenho modificou radicalmente o sistema brasileiro de acordo com o critério estabelecido por Carey e Shugart. Nosso sistema agora exige a concordância expressa do Congresso Nacional para que a medida provisória se torne lei permanente. Tal alteração, pelo menos em tese, reforça o sistema brasileiro de separação de Poderes no sentido em que se tem discutido ao longo deste trabalho. Se esse mecanismo produziu ou não um efeito prático de reforço do diálogo constitucional entre os Poderes, é o que se verá no próximo capítulo.

2.5. Considerações finais

No capítulo anterior foi discutido o fato de que o princípio da separação de Poderes previsto nas constituições contemporâneas tem sua origem em um modelo construído na modernidade, que previa um equilíbrio constante de poderes que pudesse propiciar transformações sociais. Ao longo dos séculos XIX e XX, tal princípio recebeu fortes críticas, sobretudo de duas ordens. Ele geraria uma paralisia decisória e afetaria a indivisibilidade da soberania. Foi descrito o caminho dos teóricos contemporâneos para superar essas críticas: a compreensão de que a separação de Poderes com freios e contrapesos não gera imobilismo, mas, ao contrário disso, prevê mecanismos que possam gerar avanços sociais, e a reconstrução do conceito de povo e de soberania popular em uma sociedade democrática e pluralista, que deu à separação de Poderes nova força no sentido de conviver com este pluralismo e proteger os direitos humanos, por meio de um diálogo constitucional público entre os Poderes.

O que este capítulo demonstrou é que, sobretudo em regimes presidencialistas, o princípio da separação de Poderes com seus freios e contrapesos precisou criar vários mecanismos para poder superar as tendências de paralisia institucional. Tais mecanismos em nada violam o princípio da separação de Poderes, mas, antes, são parte constitutiva de seu conceito. Esses mecanismos, que, no caso da relação entre o Executivo e o Legislativo, se manifestam no aumento do poder legislativo do Executivo, têm por objetivo tornar a democracia mais eficiente, superando a grande quantidade de *veto players* e aumentando o poder de agenda do Presidente.

Entretanto, como dito anteriormente, se a concepção de separação de Poderes contemporânea é construída para superar o imobilismo, ela também deve ser este instrumento de proteção dos direitos humanos e de acolhimento da realidade plural da nossa sociedade no processo democrático.

Neumann é extremamente perspicaz ao afirmar:

> [...] o divórcio de funções administrativas e legislativas não somente não garante a liberdade como ainda prejudica a utilização do poder do Estado para fins sociais desejáveis. [...] **A liberdade não é ameaçada pela atividade legislativa da administração, mas por uma estrutura tal da sociedade que torne impossível ou difícil que surjam forças políticas adversárias.** Uma estrutura social pluralista e um sistema flexível multipartidário são muito mais importantes para a liberdade do que a monopolização da legislação pela legislatura e a redução do poder administrativo para uma entidade que apenas zele pela execução da lei. A ameaça à liberdade, inerente na ascendência da legislação, não pode ser refreada com a diminuição da atividade administrativa, mas somente com a sua sujeição ao controle parlamentar e garantia da participação popular na administração[74] (grifo do autor).

Como se mostrou neste capítulo, a Constituição brasileira acolheu firmemente esta visão contemporânea sobre a separação de Poderes não apenas ao reconhecê-la como um princípio sensível, mas construindo um desenho

74. Franz Neumann. *Estado Democrático e Estado Autoritário*. Rio de Janeiro: Zahar, 1996. p. 160.

institucional que não é rígido na divisão de atribuições. A análise deste capítulo demonstrou que nossa Constituição produziu um desenho que privilegia os controles e a criação de um sistema de freios e contrapesos em um ambiente de intenso diálogo constitucional entre os Poderes. A preocupação com a proteção de direitos fundamentais produziu desenhos específicos – como a limitação material à edição de medidas provisórias. Esse desenho constitucional também concilia de forma clara os controles mútuos com o exercício do poder de governar pelo Poder Executivo.

Uma análise sobre se existe violação do princípio da separação de Poderes na utilização excessiva de medidas provisórias – o objetivo central deste trabalho – deve considerar o princípio da separação de Poderes a partir da teoria democrática contemporânea. O que se deve examinar não é o fato de o Executivo participar ativamente do processo legislativo (que, como se viu, é elemento necessário do presidencialismo), mas se esta participação se faz dentro de um sistema de controles mútuos que propicie um ambiente de diálogo constitucional, com abertura para a participação popular, levando em conta a pluralidade da sociedade e a proteção dos direitos humanos.

3

Análise das Medidas Provisórias no Brasil 1994-2008

Nos capítulos anteriores, discutiu-se a concepção de separação de Poderes consoante com o constitucionalismo contemporâneo, o exercício do poder de legislar do Executivo como parte de suas atribuições neste contexto e, finalmente, o desenho dos poderes legislativos do Executivo brasileiro de acordo com as análises feitas anteriormente.

Essa discussão concluiu que os poderes legislativos do Executivo no Brasil – e particularmente a utilização das medidas provisórias –, pelo menos do ponto de vista teórico, estão de acordo com uma visão sobre a relação entre os Poderes que compreende a necessidade de se fazer valer o conceito de eficiência democrática, superando os *veto players* que impedem a alteração do *status quo,* mas exigindo um controle mútuo por meio de um diálogo público entre os Poderes para impedir abusos e garantir os direitos fundamentais.

O que se fará neste capítulo é analisar se este desenho institucional, que aparentemente se coaduna com um sistema de freios e contrapesos consoante a teoria democrática contemporânea, produz, na prática, um diálogo público entre os Poderes.

Para isso, discutir-se-á o papel do Congresso no controle das medidas provisórias. Ou seja, interessa-nos saber se o Congresso realmente exerce um controle sobre a legislação emanada pelo Executivo, ou se os controles desenhados pelo constituinte se materializam em meras formalidades cumpridas pelo Legislativo.

Para analisar a qualidade do controle do Congresso foi realizada pesquisa empírica que verificou quantas medidas provisórias são convertidas em lei e qual a participação do Congresso nesse processo (alteração, rejeição expressa, aprovação expressa, existência ou não de emendas).

Também é importante analisar o conteúdo das medidas provisórias. Como se viu no capítulo anterior, a natureza da limitação material às medidas provisórias (seja ela implícita, como antes da Emenda Constitucional nº 32, seja explícita como no texto atual da Constituição) deriva da compreensão de que a separação de Poderes deve proteger direitos fundamentais. A revelação dos conteúdos das medidas provisórias permite que se faça essa aferição, além de se sair do debate meramente teórico sobre as medidas provisórias e compreender quais são os casos em que o Poder Executivo realmente se utiliza deste instrumento normativo. Somente desta forma poderemos compreender se a medida provisória é mecanismo que permite ao Executivo realizar, dentro dos limites da separação de Poderes, atos de governo ou se há, de fato, "usurpação do poder de legislar".

Essa análise também pode fornecer elementos para confirmar se é fato que, no presidencialismo brasileiro, existe um controle completo da matéria legislativa por parte do executivo, ou se esse processo ocorre a partir de um diálogo entre os poderes.[1]

3.1. Universo pesquisado

Para realizar a pesquisa escolhemos um período de tempo que permitisse uma comparação entre a situação anterior e posterior à Emenda Constitucional nº 32 de 2001, pois, como se discutiu anteriormente, tal emenda, pelo menos do ponto de vista teórico, aperfeiçoou o sistema de controle do Congresso sobre o Executivo.[2] É interessante perceber quais foram os resultados práticos

1. Para Fernando Limongi, "O governo controla a produção legislativa e esse controle é resultado da interação entre poder de agenda e apoio da maioria. Maioria reunida por uma coalizão partidária pura e simples" (A democracia no Brasil: presidencialismo, coalizão partidária e processo decisório. Disponível em: <http://www.cebrap.org.br/imagens/Arquivos/a_democracia_no_brasil.pdf>. Acesso em: 31 jan. 2010).

2. Para Amaral Júnior, "É da natureza do poder testar os limites que lhe são opostos. O texto originário da Constituição de 1988 era por demais vago quanto às fronteiras do poder normativo primário do Presidente da República. A Emenda Constitucional n. 32/2001 foi uma reação à vulgarização da decretação de urgência pátria. O rígido regime de prazos, as consequências do escoamento *in alibis* desses e a delimitação temática explicitada têm se mostrado soluções aptas a disciplinar o ímpeto

de tais medidas. Assim, escolhemos estudar sete anos antes e depois da promulgação da referida emenda.

Não se pode negar que a escolha deste período pode produzir uma análise enviesada, pois os universos anterior e posterior à edição da emenda praticamente coincidem com os mandatos dos presidentes Lula e Fernando Henrique. Não é possível, portanto, assegurar que, pelo menos em parte, os resultados não possam refletir uma mudança na relação entre o Congresso e o Executivo, fruto da mudança da coalizão governamental. Entretanto, há, como se observará, impactos que, de forma clara, derivam diretamente do novo modelo constitucional.

É preciso também que se advirta que a mudança no sistema de edição e conversão em lei de medidas provisórias foi tamanha que a comparação não é óbvia. Podemos ter uma ideia da direção da mudança, mas não é possível estabelecer com segurança o tamanho do impacto.

Isso se deve, sobretudo, à mudança no tocante às reedições. Na vigência da Emenda Constitucional nº 32, uma medida provisória editada pelo Executivo recebe um único número, produzirá efeitos até a sua conversão ou o esgotamento do prazo de 180 dias e será analisada (podendo ser alterada) na forma editada pelo Congresso Nacional. Antes da Emenda Constitucional nº 32 o sistema era muito menos claro. A numeração das medidas provisórias era seguida de hífen com o número de vezes que a medida havia sido reeditada. Entretanto, se a reedição deveria ser cópia fiel do texto editado, isso não acontecia em grande parte das vezes. Segundo Massuda,[3] no Governo Fernando Henrique Cardoso, até 2000, se não contarmos as reedições, seriam 220 medidas provisórias; se forem incluídas as reedições, este número sobe para 4.400. Então, poder-se-ia imaginar que, para efeitos de comparação com o atual sistema, deveríamos considerar apenas as 220 medidas provisórias originais, contudo, entre as reedições, há 702 que contêm alterações relativamente ao texto original. Ora, na sistemática atual, se o governo deseja realizar uma alteração no texto de uma medida provisória

legiferante do Executivo" (José Levi Mello do Amaral Júnior. *Medida provisória e a sua conversão em lei*: a Emenda Constitucional n. 32 e o papel do Congresso Nacional. São Paulo: RT, 2004. p. 310).

3. Janine Malta Massuda. *Medidas provisórias*: os fenômenos na reedição. Porto Alegre: Fabris, 2001. p. 111 e 131.

já editada, ele deve editar outra medida provisória.[4] Segundo esta lógica, portanto, para efeitos comparativos deveríamos dizer que foram editadas 922 medidas provisórias no período. Entretanto, esta abordagem também não é possível, pois, apesar de alteradas, essas reedições produzirão, se convertidas, apenas uma lei.

O que se pretende, portanto, é deixar claro que, em primeiro lugar, a comparação entre os períodos não pode ser feita, no tocante à boa parte dos dados, de maneira taxativa – o que não significa que não seja possível, a partir dos dados, perceber diferenças entre os períodos. Em segundo lugar, independentemente de se desejarem realizar comparações entre os períodos, a análise do período posterior a 2001 produz dados muito mais claros. A confusão de tramitação da sistemática anterior não permite o acompanhamento do papel legislativo a cada passo da formação da norma, o que é perfeitamente possível após a Emenda Constitucional nº 32.

Por isso, mais importante do que a comparação entre os períodos é a análise dos dados relativos às medidas provisórias posteriores à Emenda Constitucional nº 32, que viabilizarão o resultado concreto do desenho constitucional para o tema.

No tocante aos temas das medidas provisórias analisadas, há ainda uma consideração. Como fora discutido no capítulo anterior, há substancial diferença entre as medidas provisórias de crédito extraordinário para as outras. Não apenas porque a fundamentação constitucional para sua edição é diferente (art. 167), mas também porque o tema orçamentário não tem o caráter amplo de norma geral e abstrata que se relaciona com a atividade legislativa. O papel do Congresso no orçamento deriva muito mais da sua atividade de fiscalização do Poder Executivo do que da atividade legislativa propriamente dita. Para isso, em toda a análise trabalharemos não apenas com a avaliação sobre o universo geral de medidas provisórias, mas também com a avaliação sobre as medidas provisórias excluindo aquelas que tratam de crédito orçamentário.

4. Essa alteração deve ser substancial, para que não se configure reedição de medida provisória, conforme decisão em liminar da ADI 3964-4 que suspendeu a eficácia da MP 397/2007 por considerar que a referida medida constituía reedição de parte da MP 379/2007.

3.2. Análise empírica

3.2.1. Manifestação expressa do Congresso

Para verificarmos se existe ou não um diálogo constitucional público entre os Poderes, é fundamental observarmos se as relações entre eles e as manifestações de vontade são feitas de maneira expressa ou tácita. O silêncio de um Poder produz, sem dúvida, efeitos jurídicos. Entretanto, em uma visão sobre a democracia que enxerga na separação de Poderes a possibilidade se conferir legitimidade à norma (ou a outros atos) pela necessidade de justificação mútua entre os Poderes, o silêncio é o maior inimigo. É apenas no caso de manifestações expressas de cada Poder que se pode discutir a fundamentação de cada ato, requisito fundamental, como se viu no primeiro capítulo, para que se tenha o povo não como legitimador simbólico da soberania, mas como aquele que exerce de fato o poder.

Após a aprovação da Emenda Constitucional nº 32 e até o final de 2008, foram editadas 432 medidas provisórias, das quais 88% foram convertidas em lei e 7% foram expressamente rejeitadas pelo Congresso. Isso significa que em 95% dos casos o Congresso se pronunciou expressamente sobre a matéria em menos de 180 dias após a edição da medida provisória. Esse dado é bastante relevante para mostrar que o processo legislativo gerado a partir da medida provisória conta com a participação direta e ativa do parlamento. Também é significativa a taxa de 7% de rejeição, conforme afirmam Carey e Shugart:

> Nos casos em que as propostas se tornam efetivas imediatamente, mesmo se prescreverem quando não receberem a aprovação legislativa, os Executivos podem ameaçar de forma crível as assembleias de terem de enfrentar os custos de não ratificar os decretos do Executivo. Isto é, uma vez estabelecida uma política, os custos de retirá-la podem ser extremamente altos, tornando muito difícil para uma legislatura deixar prescrever um decreto mesmo se, inicialmente, a maioria não fosse a seu favor.[5]

Uma taxa de 7% revela que existe um risco real de o Executivo, mesmo possuindo, em tese, maioria no Congresso,[6] ver uma medida provisória sua ser expressamente derrotada pelo parlamento.

---

5. John M. Carey e Matthew Shugart. Poder de decreto: chamando os tanques ou usando a caneta. *Revista Brasileira de Ciências Sociais*, Anpocs, v. 13, n. 37, p. 154, jun. 1998.
6. As coalizões governamentais sempre foram majoritárias no Brasil nos últimos 14 anos (período analisado).

Neste caso, é possível realizar uma comparação com o período anterior. Entre 1994 e 2001, 74% das medidas provisórias foram expressamente avaliadas pelo Congresso. O número não é baixo se considerarmos o argumento da usurpação legislativa. Ou seja, mesmo antes da Emenda Constitucional nº 32, o Congresso se manifestava expressamente na grande maioria dos casos.

É possível notar um aumento significativo entre os dois períodos no número de medidas expressamente avaliadas pelo Congresso (de 74% para 95%). Entretanto, a diferença mais importante é o número de medidas provisórias expressamente rejeitadas: 7% no período de 2001-2008 e menos de 1% no período de 1994-2001.

Para se compreender essa diferença, basta perceber que o Executivo poderia, antes da Emenda Constitucional nº 32, caso percebesse que não formaria maioria para votar, continuar reeditando indefinidamente a medida provisória e trabalhando apenas para que o tema não entrasse na pauta de votação (o que é mais simples do que submeter a matéria à votação em plenário). Isso explica o alto número de medidas provisórias em "tramitação" no primeiro período.[7] Ou seja, antes da Emenda Constitucional nº 32, o Executivo tinha o poder de legislar sem submeter a matéria ao Congresso, aproximando, como vimos, o instituto da medida provisória do decreto-lei.[8]

Esses dados comprovam que sempre houve expressiva participação do Congresso Nacional no processo legislativo iniciado com as medidas

7. É importante lembrar que a Emenda Constitucional nº 32 criou uma situação jurídica no mínimo estranha ao estabelecer que "as medidas provisórias editadas em data anterior à da publicação desta emenda continuam em vigor até que medida provisória ulterior as revogue explicitamente ou até deliberação definitiva do Congresso Nacional". Essa disposição congelou o estado das coisas com a promulgação da Emenda Constitucional nº 32. Poder-se-ia argumentar que este número não reflete o estado das coisas à época, mas a pesquisa (aqui citada) realizada por Massuda com dados até 2000 trazem números muito próximos aos aqui trabalhados. Também é importante notar que apenas 16 medidas provisórias entre as 52 que estavam em tramitação no momento da aprovação foram aprovadas (5) ou revogadas (11).

8. Um bom exemplo para se entender a lógica das reedições de medidas provisórias é a medida provisória que criou o "Plano Real". Esta medida provisória foi editada originariamente como MP 542, depois como 566, 596, 635, 681, 731, 785, 851, 953, 978, 1.004 e 1.027, até se converter na Lei 1.027 de 1995. Ou seja, este tema, o principal da agenda nacional, pôde ser reeditado por um ano – inclusive durante uma eleição presidencial –, permitindo ao Executivo que o submetesse à aprovação do Congresso somente quando a situação política tornava o custo de qualquer reversão do texto do Plano tão alto que não havia chances de acontecer uma reversão da política. A MP 754 de 1994 foi convertida em lei apenas em novembro de 1998, sendo o seu texto final muito diferente do texto inicial, e isso ocorreu não em função das alterações realizadas pelo Congresso, mas de alterações que o próprio Executivo realizou a cada reedição.

provisórias. No entanto, antes da Emenda Constitucional nº 32, o Executivo tinha mecanismos para impedir a apreciação das matérias pelo Legislativo e as mantinha em vigor. A partir da emenda constitucional, as medidas provisórias, nas quais o Legislativo se manifesta expressa e publicamente, representam quase a totalidade do universo pesquisado, e a chance de rejeição de uma medida provisória não é desprezível, o que significa que o Executivo precisa efetivamente negociar com o Congresso, mesmo em caso de medidas provisórias.

	MPs (%)	MPs (total = 432)
Convertida	88%	379
Em tramitação	0%	0
Prejudicada	1%	4
Revogada	1%	5
Rejeitada	7%	29
Sem eficácia	3%	14
Vetada	0%	1

	MPs (%)	MPs (total = 364)
Convertida	74%	269
Em tramitação	14%	52
Rejeitada	0%	1
Revogada	8%	29
Sem eficácia	4%	13

3.2.2. Alterações: medidas provisórias x projetos de Lei de conversão (PLVs)

Além de analisar se o Congresso se manifesta expressamente ou não no processo legislativo iniciado pelas medidas provisórias, é fundamental que se avalie a qualidade desta participação. Ou seja, no caso das medidas provisórias que se tornam normas permanentes, trata-se de mera ratificação do que foi enviado pelo Executivo ou o Congresso contribui ativamente com o texto transformado em lei?

Para realizar esta análise verificaram-se quantas medidas provisórias foram alteradas pelo Congresso e quantas foram aprovadas sem alteração.

Quando uma medida provisória é alterada em uma das casas, imediatamente ela passa a tramitar como Projeto de Lei de Conversão (PLV). Pode acontecer de ela ser alterada no Senado e ter seu texto reconstituído na Câmara, situação na qual o texto original se manterá, porém o dado é relevante para mostrar que houve debate público sobre a matéria.

No período de 2001-2008, 54,8% das medidas provisórias tornaram-se Projetos de Lei de Conversão. Retiradas as medidas provisórias de crédito, este número vai a 68%. Isso significa que na grande maioria das medidas provisórias editadas pelo Executivo existe um debate ativo dentro do parlamento. Não se trata de mero processo homologatório, mas de colaboração no processo legislativo. Sampaio fala, acertadamente, em verdadeira "simbiose" entre os Poderes Legislativo e Executivo.[9]

Outro ponto importante de ser notado é a utilização das medidas provisórias para que o Congresso exerça também o seu poder de agenda. O fato de 68% das medidas provisórias que tratam de matéria legislativa propriamente ditas terem sofrido alteração em pelo menos uma das casas do Congresso demonstra que o Congresso faz uso deste instrumento para compartilhar com o Executivo o poder de agenda.[10]

No período anterior à emenda, ao se analisarem as medidas provisórias convertidas, apenas 20,6% se tornaram Projetos de Lei de Conversão, ou seja, apenas nesses casos alguma das casas conseguiu aprovar uma alteração no texto enviado pelo Executivo. Para este período, a retirada das medidas provisórias de crédito não produz alteração significativa.

O que se percebe é que, relativamente à real possibilidade de uma das casas conseguir aprovar uma alteração no texto enviado pelo Executivo – o que reforça a ideia de um processo legislativo em colaboração –, a Emenda Constitucional nº 32 produziu uma diferença considerável. Se antes da emenda apenas 20,6% (23% se excluirmos as medidas provisórias de crédito) eram alteradas por pelo menos uma das casas, após sua promulgação este número salta para 54,8% (67% sem as medidas de crédito).

9. Marco Aurélio Sampaio. *A medida provisória no presidencialismo brasileiro*. São Paulo: Malheiros, 2007. p. 192.
10. Isso ficará ainda mais claro na análise dos vetos e das emendas apresentadas.

	1994-2001		2002-2008	
PLV	75	(20,60%)	237	(54,80%)
MPs	289	(79,40%)	195	(45,20%)

Total de PLV sem crédito (2001-2008)		
PLV	218	67%
MP	109	33%

Total de PLV sem crédito (1994-2001)		
PLV	74	23%
MP	242	77%

3.2.3. Vetos

Ainda para tratar do diálogo entre os Poderes, um tema fundamental a ser analisado é a resposta do Executivo ao processo legislativo que se desenvolveu no Congresso: os vetos ou as sanções presidenciais. Como visto no capítulo anterior, os vetos são um poderoso instrumento legislativo conferido pelas constituições (presidencialistas, sobretudo) ao Executivo.

Os vetos presidenciais, como é sabido, podem ser parciais ou totais. Evidentemente, como a medida provisória é um ato do Executivo, o veto integral é muito raro.[11] Analisam-se aqui, portanto, vetos parciais que atingem as alterações – ou parte delas – que o Congresso realizou em determinado projeto de lei.

Não é, em absoluto, desprezível o número de vetos realizados pelo Presidente em medidas provisórias aprovadas pelo Congresso: 22% após a Emenda Constitucional nº 32. Neste caso, também há uma expressiva diferença concernente ao período anterior, no qual os vetos atingiam apenas 10% das medidas provisórias aprovadas.

11. No universo pesquisado houve apenas um caso de veto integral, e se tratou de medida editada pelo Presidente Fernando Henrique Cardoso e vetada integralmente pelo Presidente Lula. Também é importante dizer que, como o Executivo tem o poder de revogar a medida provisória, o veto integral realmente não parece ser um instrumento muito utilizado.

Veto presidencial 1994-2001	Número	%
Sim	27	10%
Não	334	90%

Veto presidencial 2001-2008	Número	%
Sim	82	22%
Não	297	78%

Os dados consoantes aos vetos dão origem a algumas conclusões. Mais uma vez pode-se perceber a intensidade do diálogo público gerado pelo sistema de freios e contrapesos brasileiro. Afinal, em 22% dos casos houve uma norma editada pelo Executivo alterada pelo Congresso, e essas alterações foram rejeitadas – de forma fundamentada[12] – pelo Presidente.

Esses números poderiam dar a impressão de um poder desmesurado do Executivo que, mesmo com suas propostas alteradas pelo Congresso, exerceu o seu poder de veto. Entretanto, há algumas considerações a serem feitas.

A primeira é que a necessidade de veto demonstra que o Congresso, apesar de a norma estar em vigor – e, portanto, como citamos acima, ter um custo de alteração elevado –, se manifesta mesmo contra os interesses do Executivo.

Outra consideração importante é que as alterações que o Congresso realiza podem contrariar os interesses do Executivo, ou seja, existe espaço para que o Congresso insira temas e propostas na agenda nacional[13] por meio da

12. Os vetos têm, necessariamente, sua fundamentação publicada no Diário Oficial da União.

13. Há duas considerações a se fazer sobre este ponto (que será abordado também no próximo tópico, que trata de emendas apresentadas por parlamentares): 1) A amplitude da possibilidade de o Congresso pautar temas por emendas deveria ser baixa, pois o Congresso deveria se restringir a emendas com estrita relação temática com a medida provisória, mas isso não ocorre e os parlamentares apresentam emendas sobre temas bastante distintos dos temas originais das medidas provisórias. 2) O desenho dado pela Emenda 32, ao determinar o sobrestamento da pauta, fez com que o Congresso ficasse muitos dias sem deliberar, enquanto a negociação sobre a medida provisória se encaminhava, isso fez com que houvesse uma diminuição dos dias em que o plenário pode votar projetos de iniciativa dos parlamentares. Sob esse ponto de vista, há uma redução da possibilidade de o parlamento criar agendas próprias. Este tópico não foi objeto de estudo aprofundado neste trabalho, pois aqui se trata da relação entre os poderes nas normas editadas como medidas provisórias, e não dos efeitos do desenho constitucional sobre a possibilidade de o congresso votar projetos de iniciativa própria. De qualquer forma, é importante mencionar que essa preocupação foi abordada na questão de ordem 414 de 2009, respondida pelo Presidente da Câmara dos Deputados Michel Temer. Segundo o Presidente

tramitação de medidas provisórias no Congresso Nacional, compartilhando o poder de agenda com o Executivo.

Por fim, deve-se frisar o custo político que representa um veto realizado pelo Executivo. É muito difícil imaginar que o Congresso tenha aprovado uma medida impopular e que o veto propicie benefícios políticos ao Presidente. O veto, em geral, representa um alto custo político ao Presidente que, além de contrariar expressamente o Congresso, está, provavelmente, vetando uma medida que agrada um setor da população forte o suficiente para ter sua medida aprovada no Congresso contra a orientação dada pelas lideranças do governo.

3.2.4. Emendas apresentadas

Para melhor compreender a possibilidade de utilização pelo Congresso Nacional das medidas provisórias para compartilhar o poder de agenda com o Executivo, é importante também observar o número de emendas apresentadas às medidas provisórias.

As medidas provisórias, quando começam a tramitar no Congresso, podem receber emendas dos parlamentares. Essas emendas podem ou não ser incorporadas no texto. Como vimos, caso elas sejam incorporadas em pelo menos uma das casas, a medida provisória passa a tramitar como Projeto de Lei de Conversão.

As emendas representam a possibilidade de os parlamentares (da maioria e da minoria) conseguirem espaço na agenda de debates proposta pelo Executivo. Quanto maior o número de emendas, portanto, mais o parlamento estará contribuindo para este debate público. O alto número de emendas significa, também, que os parlamentares reconhecem este como um espaço importante para dar vazão a suas reivindicações.

Temer, quando a constituição determina que devem ser "sobrestadas, até que se ultime a votação, todas as demais deliberações legislativas da Casa em que estiver tramitando", "essa expressão 'todas as deliberações legislativas' são todas as deliberações legislativas ordinárias. Apenas as leis ordinárias é que não podem trancar a pauta". Assim, segundo esta interpretação, matérias que não podem ser objeto de medida provisória podem ser votadas mesmo com o sobrestamento de pauta. Sem discutir aqui a constitucionalidade dessa interpretação, é fato que ela produziu resultados: segundo o jornal *Folha de S. Paulo* (edição de 21 dez. 2009 – disponível em <http://www1.folha.uol.com.br/fsp/brasil/fc2112200912.htm>, acesso em: 31 jan. 2010), em 2009 a Câmara dos Deputados, pela primeira vez durante o Governo Lula, apreciou mais projetos de iniciativa do Legislativo do que do Executivo ou do Judiciário (58 contra 43). Se confirmada a constitucionalidade dessa interpretação, cresce ainda mais o poder de agenda do Congresso Nacional.

É importante, também, lembrar que a rejeição expressa de uma emenda, mesmo quando realizada em bloco pelo relator, envolve, em geral, uma explicação – mesmo que informal – ao parlamentar que apresentou a emenda sobre os motivos de sua rejeição. Este processo, na grande maioria das vezes, se dá após uma consulta ao governo sobre a possibilidade ou não de acolher essa emenda. Os órgãos do Executivo relacionados com os temas de cada emenda são politicamente obrigados – e o fazem – a fornecer às lideranças no Congresso parecer sobre cada uma dessas emendas. Assim, quanto maior o número de emendas, mais intenso será o debate durante o processo legislativo da medida provisória.[14]

A média de emendas por medida provisória desde a promulgação da Emenda Constitucional nº 32 é de 43,2, o que denota uma grande contribuição dos parlamentares no debate legislativo. Neste caso, também há uma grande diferença relativamente ao período anterior, no qual a média era de 13,3 emendas por medida provisória.

	1994-2001	2002-2008
Total de emendas apresentadas	4.821	18.645
Média	13,24451	43,15972

3.2.5. Medidas provisórias realmente alteradas

Se esses dados mostram claramente o aumento do diálogo público entre os poderes no processo legislativo das medidas provisórias, ainda é preciso analisar a real participação do Congresso no texto final aprovado. Ou seja, em quantos casos este intenso diálogo público realmente fez com que a lei sancionada pelo Presidente fosse diferente da medida provisória por ele editada em função da participação do parlamento.

O texto da lei sancionada é diferente do texto da medida provisória (ou seja, houve acréscimo, supressão ou alteração feita pelo Congresso e sancionada pelo Presidente) em 52% dos casos, ou 68% dos casos se desconsideradas as medidas provisórias de crédito.

14. No tocante a este processo de avaliação e debate acerca das emendas apresentadas, é importante dizer que, se ele ocorre, os argumentos envolvidos neste processo não costumam ser públicos; as explicações que os governos fornecem às lideranças para definir a posição favorável ou contrária do governo às matérias não aparecem publicamente no debate. Ao contrário, na grande maioria das vezes, a rejeição é feita em bloco pelo relator sem apresentar qualquer justificativa.

Este dado é bastante relevante e mostra que, nas medidas provisórias que realmente inovam o ordenamento jurídico, ou seja, diretamente vinculadas à atividade legiferante do Poder Legislativo, o parlamento altera o texto enviado pelo Executivo em 68% dos casos desde a promulgação da Emenda Constitucional nº 32.

Houve acréscimo ou alteração/supressão	2001-2008	
Sim	197	52%
Não	182	48%

Houve acréscimo ou alteração/supressão (sem crédito)	2002-2008	
Sim	190	68%
Não	91	32%

Neste sentido, é muito difícil concordar com a afirmação de que a edição de medidas provisórias no Brasil atualmente é capaz "de submeter, ilegitimamente, o Parlamento à vontade unipessoal do Presidente da República".[15] O parlamento não apenas manifesta expressamente a sua vontade ao longo do processo, como, na maioria dos casos, consegue alterar o texto proposto pelo Executivo. Ou seja, os mecanismos de controle desenhados na Constituição Federal funcionam plenamente no que diz respeito às medidas provisórias no sentido de obrigar os Poderes a estabelecer um diálogo público na definição da legislação editada pelo Executivo.

Quando o Executivo opta, portanto, pelo envio de uma medida provisória, ele sabe que enfrentará um amplo processo de controle, de diálogo, com o parlamento, para que aquela disposição se torne lei permanente. A opção por não enfrentar este diálogo gera a perda de eficácia da norma por ele editada. Não existe mais, contudo, como existia de forma plena durante o decreto-lei (e mitigada na vigência da possibilidade de reedições), a possibilidade da edição de normas pelo Executivo que não enfrentem o escrutínio público do Congresso em um prazo inferior a 30 dias.

15. Voto, já citado, do Ministro Celso de Mello no MS 27931-1/DF.

3.2.6. Temas das medidas provisórias editadas

Finalmente, é importante analisar quais os temas das medidas provisórias editadas pelo Executivo, pois assim poder-se-á avaliar que tipo de poder normativo o Poder Executivo está exercendo. Como se viu no capítulo anterior, o objetivo das restrições temáticas à edição de medidas provisórias está diretamente vinculado ao conceito de que a separação de Poderes é instrumento de proteção dos direitos fundamentais. Assim, normas que possam gerar alguma restrição de direitos devem enfrentar o processo legislativo ordinário, com todos os seus freios que dificultam a alteração do *status quo*. Atos de governo, ligados diretamente ao exercício da administração, devem, mesmo existindo um processo intenso de debate, poder enfrentar um processo legislativo que permita ao Executivo superar os *veto players* para executar suas políticas escolhidas pela população.

Dentre as medidas provisórias editadas no período de 2001-2008, as mais frequentes (24%) são aquelas que abrem crédito extraordinário; em segundo lugar, pessoal, com 15%, finanças, 11%, e organização administrativa, com 7%. Ou seja, 57% das medidas provisórias tratam de atos diretamente ligados ao exercício da administração.

E, de fato, não se pode vislumbrar, entre os temas usualmente afetados por medidas provisórias, a possibilidade de violação a direitos fundamentais. O que ocorre, como se vê, é, de fato, a utilização das medidas provisórias como instrumento para lidar com temas absolutamente vinculados ao exercício do Poder Executivo, à implementação da agenda vencedora das eleições majoritárias.

Porcentagem de MPs por assunto nos períodos	1994-2001	2002-2008
CRÉDITO	13%	24%
PESSOAL	11%	15%
FINANÇAS	16%	11%
ORGANIZAÇÃO ADMINISTRATIVA	10%	7%
SALÁRIO MÍNIMO	2%	2%
PROGRAMAS SOCIAIS	4%	6%
INFRAESTRUTURA	4%	4%
TRIBUTAÇÃO	11%	11%
OUTROS	25%	12%
PREVIDÊNCIA SOCIAL	2%	5%
SEGURANÇA PÚBLICA	1%	1%
ATIVIDADE ECONÔMICA	1%	2%

3.3. Considerações finais

Como resultado da análise do processo legislativo das medidas provisórias, podemos vislumbrar algumas conclusões.

Não se pode afirmar que as medidas provisórias representam uma usurpação do poder de legislar por parte do Executivo. Existe uma real participação do Legislativo neste processo, a qual se dá expressamente na quase totalidade dos casos. O Congresso não apenas se manifesta, como altera e rejeita medidas provisórias enviadas pelo Executivo, demonstrando que o controle exercido pelo parlamento é extremamente ativo.

Do ponto de vista temático, as restrições constitucionais funcionam e os temas tratados nas medidas provisórias são, sobretudo, os temas vinculados diretamente ao exercício do Poder Executivo.

Essas conclusões demonstram que as medidas provisórias são instrumentos que permitem ao Executivo a implementação das políticas públicas para as quais foram eleitos, porém passando por um controle intenso pelo parlamento, que não é mero expectador do processo legislativo, mas protagonista, ao lado do Executivo, na elaboração dessas normas.

Os dados analisados também indicam que houve um aumento do diálogo entre os Poderes com a aprovação da Emenda Constitucional nº 32/2001 porque:

(i) O Congresso passou a se manifestar expressamente em mais casos;

(ii) aumentou o número de emendas apresentadas;

(iii) um maior número de medidas provisórias recebeu algum tipo de alteração em pelo menos uma das casas do parlamento (tornando-se Projetos de Lei de Conversão);

(iv) o Presidente foi obrigado a vetar mais dispositivos; e

(v) do ponto de vista temático, as medidas provisórias ficaram mais restritas a atos típicos de gestão.

Se essas conclusões permitem demonstrar que o nosso desenho constitucional criou um modelo de separação de Poderes que expressa a possibilidade de se realizar um forte controle entre Poderes, superando o imobilismo, muito ainda se deve discutir no tocante à utilização da separação de Poderes para permitir a articulação entre a soberania popular e o constitucionalismo.

A não existência de abertura para a participação popular no processo das medidas provisórias é evidente (apesar de existirem espaços mais claros no

Executivo do que no Legislativo de participação popular),[16] mas ainda mais séria é a falta de preocupação de publicidade do diálogo que ocorre no processo legislativo das medidas provisórias. Como vimos, este processo é absolutamente intenso, mas boa parte dele fica restrita aos corredores do Congresso Nacional e dos Ministérios.

A existência de controles mútuos e o exercício cotidiano do sistema de freios e contrapesos somente poderão ser instrumentos para aumentar a legitimidade das leis se forem acompanhados de argumentos e motivações que permitam à população compreender e questionar as razões que levaram à edição da lei.

As universidades, sobretudo a produção acadêmica sobre direito, não reconhecem o debate público durante o processo legislativo como espaço legítimo para apresentar seus argumentos. Como afirma Felipe de Paula:

> O descaso doutrinário frente ao processo deliberativo de elaboração normativa, seja qual for a hipótese que melhor apreende o vigente quadro de apartamento entre academia e formulação normativa, ignora as características democráticas básicas da sociedade contemporânea, aliena os acadêmicos do direito da construção do ordenamento e das regras sociais, impede a utilização de novos instrumentos de ensino, bem como contribui para a deslegitimação das instituições político-jurídicas brasileiras.[17]

Em função disso, os mecanismos de controle presentes na Constituição podem funcionar para impedir o abuso de um poder sem gerar a impossibilidade do *status quo*, mas não são aproveitados – pelas universidades, por exemplo – como espaços para se promover o debate de argumentos pela sociedade.

Esta impermeabilidade do processo legislativo não acontece evidentemente apenas nas medidas provisórias, mas é uma falha estrutural da relação

16. As Conferências, que se intensificaram ao longo do governo do Presidente Lula, são um bom exemplo disto. Segundo o sítio eletrônico da Secretaria-Geral da Presidência da República, entre 2003 e 2009 foram realizadas 61 conferências que "abrangeram 35 áreas setoriais em instâncias de reflexão, debates e negociação em níveis local, municipal, regional, estadual e nacional, mobilizando aproximadamente quatro milhões de pessoas na discussão e definição de prioridades e subsídios para as políticas públicas". Disponível em: <http://www.presidencia.gov.br/estrutura_presidencia/sec_geral/art_social/conselhosconferencias/>. Acesso em: 31 jan. 2010.

17. Felipe de Paula. *Processo legislativo, doutrina e academia*: hipóteses de afastamento e efeitos deletérios, p. 15. No prelo.

entre a sociedade brasileira e o Congresso Nacional. Entretanto, o argumento, sempre repetido, de que as medidas provisórias representam o **cezarismo** do Executivo afasta ainda mais aqueles que produzem argumentos públicos do debate legislativo que ocorre na tramitação de medidas provisórias.

Por este motivo é fundamental compreender o sentido da separação de Poderes para a democracia e analisar como as medidas provisórias se encaixam no sistema brasileiro de freios e contrapesos.

A análise realizada neste capítulo demonstra que há, hoje, um grande debate entre os Poderes no processo legislativo iniciado com a edição de uma medida provisória. Se este debate não alcança as possibilidades que a teoria democrática contemporânea espera da separação de Poderes, isso se dá por motivos que não se relacionam com a edição das medidas provisórias, mas com a forma como o processo legislativo ocorre no Brasil.

Considerações finais

Este trabalho se propôs a discutir o significado contemporâneo do princípio da separação de Poderes, tão presente na questão sobre a legitimidade do controle de constitucionalidade, ou seja, na relação entre os Poderes Legislativo e Judiciário, para a análise da relação entre o Legislativo e o Executivo, mais especificamente no que diz respeito à edição de medidas provisórias.

Como se afirmou na introdução deste texto, há dois tipos de críticas que aparecem com mais frequência no debate sobre o tema. A primeira, e mais difundida, afirma que as medidas provisórias decorrem de um poder extraordinário do Executivo de legislar e que a grande quantidade de medidas provisórias editadas pelos Presidentes da República representa uma usurpação da função legislativa que deve caber ao Poder Legislativo.

A segunda crítica, menos recorrente, mas com expressão significativa, aponta que a obrigatoriedade da manifestação do Congresso gera uma insegurança jurídica, advinda da provisoriedade da norma. Neste sentido, argumenta-se em favor do modelo do decreto-lei extinto pela Constituição de 1988.

Para dialogar com essas duas visões, resgatou-se a evolução do conceito de separação de Poderes da modernidade até a teoria democrática contemporânea. O que se percebeu é que o significado atual da separação de Poderes é fruto de um amplo debate histórico, e, portanto, a leitura do sentido da presença deste princípio na Constituição Federal deve levar em conta a evolução do conceito.

A partir das várias críticas que o conceito sofreu ao longo da história, a separação de Poderes representa hoje a possibilidade de **conciliar a soberania popular com a garantia de direitos fundamentais em uma democracia plural e voltada para as transformações sociais.** Esse sentido impede o esvaziamento do conceito e também não permite que se lhe façam leituras que excluam alguns desses elementos, pois isso seria renegar a aquisição evolutiva do conceito.

Para que o princípio da separação de Poderes possa fazer sentido em uma constituição escrita no final do século XX – mas, sobretudo, lida no final do século XXI –, não se pode mais imaginar que se esteja se referindo a uma divisão estanque de funções, e sim de um complexo sistema de freios e contrapesos, que garanta o maior número de controles públicos de um Poder sobre o outro, realizado sempre com motivações públicas, de maneira a gerar pertencimento dos cidadãos à comunidade política, com mecanismos institucionais de superação da paralisia para que as transformações sociais possam ocorrer.

Essa visão desloca o foco das críticas mais recorrentes às medidas provisórias. Não tem sentido avaliar se o Executivo faz um uso recorrente ou extraordinário das medidas provisórias. O que se deve buscar compreender é se há, na edição de medidas provisórias, este processo intenso de diálogo público, e se este processo garante a conciliação entre soberania popular e direitos fundamentais.

Também a participação do Congresso não pode ser vista como um valor menor do que a insegurança jurídica gerada pela provisoriedade da norma. A teoria democrática contemporânea conseguiu resgatar a ideia, muito presente entre os modernos, de que um sistema de freios e contrapesos eficiente permite os controles mútuos sem que isso provoque paralisia institucional.

Não se pode ignorar que a Constituição de 1988, como se discutiu ao longo do segundo capítulo deste trabalho, desenhou um modelo de participação bastante ativa do Executivo na função legislativa. E isso não apenas no tocante à medida provisória. Essa análise demonstra que a medida provisória é parte integrante de um desenho constitucional que prevê controles mútuos entre os Poderes e sabe que mecanismos de superação da paralisia institucional – típica de regimes presidencialistas – são imprescindíveis.

A análise empírica realizada demonstrou que o processo legislativo iniciado com a edição da medida provisória é um processo de intenso diálogo entre os Poderes. O Legislativo, longe de assistir como mero expectador, manifesta-se expressamente em quase todos os casos, promove alterações na maioria deles e rejeita em outros.

Os mecanismos que a Constituição desenhou para a incidência dos freios e contrapesos – sobretudo depois da edição da Emenda Constitucional nº 32 – funcionam de modo a produzir controles efetivos de um Poder sobre o outro e também de preservar a eficiência democrática (no sentido discutido no capítulo 2) do nosso sistema.

A restrição temática à edição de medidas provisórias, como se viu no estudo empírico, também exerce controle eficiente, deixando a este processo legislativo praticamente apenas os temas que se relacionam a atos de governo, restringindo ainda mais a possibilidade de se atingirem direitos fundamentais com a edição das medidas.

Se as principais críticas feitas à edição de medidas provisórias no Brasil parecem deslocadas do sentido da separação de Poderes presente em nossa Constituição, isso não significa que as ambições contidas na definição contemporânea do princípio estejam sendo realizadas no Brasil.

É verdade que a nossa Constituição criou várias formas de controle público entre os Poderes, bem como que o texto constitucional aponta para a superação da mera representação simbólica do povo. Entretanto, está claro que estamos muito distantes de um processo de formação das normas no qual o povo seja realmente o sujeito ativo e passivo. De nada adiantam os mecanismos formais de controle público, se estes não representarem os argumentos presentes em uma sociedade plural. Não haverá um processo democrático que produz o povo, se não houver o reconhecimento por parte dos atores sociais daquele processo como espaço legítimo de expressão de suas opiniões ou o reconhecimento dos atores políticos de que os controles não são espaços de negociação de interesses privados, mas espaços públicos de debates.

Esta deficiência, evidentemente, não está restrita ao processo legislativo das medidas provisórias. Trata-se de falha mais ampla, que atinge todo o processo legislativo (ou todo o processo político). Entretanto, o que este trabalho mostra é que não faltam mecanismos institucionais para que a separação de Poderes cumpra as ambições que lhe são dadas atualmente – nem mesmo no caso das medidas provisórias, que vêm sendo tratadas como a mais clara violação deste princípio. É necessário que se perceba que é apenas com um processo participativo aberto para a formação pública de argumentos, com ampla participação popular, que poderemos desfrutar das potencialidades que a separação de Poderes contemporânea nos promete.

Referências

ABRAMOVAY, Pedro V.; PAULA,Felipe de. Em defesa das ideias. *Folha de S. Paulo*, 15 maio 2009.

ACKERMAN, Bruce. The New Separation of Powers. *Harvard Law Review*, v. 113, 2000.

ADAMS, John. *The Works of John Adams, v. 4 (Novanglus, Thoughts on Government, Defence of the Constitution).* Disponível em: <http://oll.libertyfund.org/index.php?option=com_staticxt&staticfile=show.php%3Ftitle=2102&layout=html>. Acesso em: 31 jan. 2010.

ALTHUSSER, Louis. *Montesquieu, a política e a história*. Tradução de Luiz Cary e Luiza Costa. 2. ed. Portugal: Martins Fontes, 1977.

AMARAL JÚNIOR, José Levi Mello do. *Medida provisória e a sua conversão em lei*: a Emenda Constitucional n. 32 e o papel do Congresso Nacional. São Paulo: RT, 2004.

ARISTÓTELES. *A política*. Disponível em: <http://www.scribd.com/doc/4922845/aristoteles-a-politica>. Acesso em: 31 jan. 2010.

BALIBAR, Étienne. Prolégomènes à la souveraineté: la Frontière, l'Etat, le Peuple. Disponível em: <http://www.imageuro.net/archivio/difficile/balibar.htm>. Acesso em: 31 jan. 2010.

________. On Universalism. Disponível em: <http://translate.eipcp.net/transversal/0607/balibar/en/#_ftn8>. Acesso em: 31 jan. 2010.

________. The return of the concept of race. Disponível em: <http://www.springerin.at/dyn/heft_text.php?textid=2097&lang=en>. Acesso em: 31 jan. 2010.

BANDEIRA DE MELLO, Celso Antônio. Perfil constitucional das medidas provisórias. *RDP*, São Paulo: RT, n. 95, 1991.

BANDEIRA DE MELLO, Oswaldo Aranha. *Princípios gerais do direito administrativo.* São Paulo: Malheiros, 2007.

BARROS, Sergio Rezende de. Medidas, provisórias? Disponível em: <http://www.srbarros.com.br/pt/medidasprovisorias.cont>. Acesso em: 31 jan. 2010.

BOBBIO, Norberto. *A teoria das formas de governo na história do pensamento político.* Tradução de Sergio Bath. Brasília: UnB, 1980.

BONAVIDES, Paulo. *Do Estado liberal ao Estado Social.* 6. ed. São Paulo: Malheiros, 1996.

BOURDIEU, Pierre. *Coisas ditas.* São Paulo: Brasiliense, 2004.

________. *O poder simbólico.* Rio de Janeiro: Bertrand Brasil, 2007.

CANOTILHO, J.J. *Direito constitucional e teoria da Constituição.* 7. ed. Coimbra: Almedina, 2008.

CAREY, John M.; SHUGART, Matthew S. Poder de decreto: chamando os tanques ou usando a caneta. *Revista Brasileira de Ciências Sociais*, Anpocs, v. 13, n. 37, jun. 1998.

________. *Presidents and assemblies*: constitutional design and electoral dynamics. Cambridge: Cambridge University Press, 1992.

CARRÉ DE MALBERG, R. *Contribution à la théorie générale de l'Etat.* Paris: Dalloz, 2003. v. 2.

CARVALHO NETTO, Menelick de. Apresentação. In: ROSENFELD, Michel. *A identidade do sujeito constitucional.* Belo Horizonte: Mandamentos, 2003.

________. *A sanção no procedimento legislativo.* Belo Horizonte: Del Rey, 1992.

COHEN, I. Bernard. *Science an the Founding Fathers*: science in the political thought of Jefferson, Franklin, Adams & Madison. New York: Norton, 1997.

COMPARATO, Fábio Konder. Sobre a legitimidade das constituições. In: BONAVIDES, Paulo; LIMA, Francisco Gerson Marques de; BEDÊ, Fagys Silveira (Org.). *Constituição e democracia*: estudos em homenagem a J.J. Gomes Canotilho. São Paulo: Malheiros, 2006.

DAMOUS, Wadih; DINO, Flavio. *Medidas provisórias no Brasil*: origem, evolução e novo regime constitucional. Rio de Janeiro: Lumen Juris, 2005.

DI PIETRO, Maria Sylvia Zanella. *Direito administrativo.* 20. ed. São Paulo: Atlas, 2007.

DWORKIN, Ronald. *Law's Empire.* Cambridge: Harvard University Press, 1986.

FARO DE CASTRO, Marcus. *Política e relações internacionais.* Brasília: Ed. UnB, 2005.

FERREIRA FILHO, Manoel Gonçalves. A disciplina constitucional das crises financeiras. *RDA*, Rio de Janeiro: Fundação Getulio Vargas, p. 35, jul.-dez. 1990.

FIORAVANTI, Maurizio. *Constitución*: de la antiguedad a nuestros días. Madrid: Trotta, 2001.

FISHER, Louis. *Constitutional Conflicts between Congress ant the President*. 5. ed. Lawrence: University Press of Kansas, 2007.

________. *Constitutional Dialogues*. Princeton: Princeton University Press, 1988.

FOYLE, Michael. *Laws, Men and Machines*: Modern American Government and the appeal of the Newtonian mechanism. Nova York: Routledge, 1990.

GENRO, Tarso. Uma reflexão sobre a igualdade jurídica. *Amatra IV*, Porto Alegre, n. 4, 1994.

HABERMAS, Jürgen. *Direito e democracia*: entre facticidade e validade. Rio de Janeiro: Tempo Brasileiro, 1997. v. 1.

________. *Facticidade e validade*: uma introdução à teoria discursiva do direito e do Estado Democrático de Direito. Tradução de Menelick de Carvalho. No prelo.

________. *Teoría y práxis*: estudios de filosofía social. Madrid: Tecnos, 1987.

HEGEL, Georg W. F. Filosofia do direito extraído de Clarence Morris (Org.). *Os grandes filósofos do direito*. Tradução de Reinaldo Guarany. São Paulo: Martins Fontes, 2002.

LEWANDOWSKI, Enrique Ricardo. Prefácio. In: CONTI, José Maurício. *A autonomia financeira do Poder Judiciário*. São Paulo: MP Editora, 2006.

LIMONGI, Fernando. A democracia no Brasil: presidencialismo, coalizão partidária e processo decisório. Disponível em: <http://www.cebrap.org.br/imagens/Arquivos/a_democracia_no_brasil.pdf>. Acesso em: 31 jan. 2010.

LOCKE, John. The second treatise of civil government. Disponível em: <http://www.constitution.org/jl/2ndtreat.htm>.

LOIS CABALLERO, Cecília. *Separação de poderes*: vício de iniciativa. Secretaria de Assuntos Legislativos do Ministério da Justiça, 2009. (Série Pensando o direito, n. 14.)

LUHMANN, Niklas. *A Constituição como aquisição evolutiva*. Tradução de Menelick de Carvalho Netto, Giancarlo Corsi e Raffaele De Giorgi. No prelo.

MADISON, James. The Federalist n. 51. Disponível em: <http://www.constitution.org/fed/federa51.htm>. Acesso em: 31 jan. 2010.

MASSUDA, Janine Malta. *Medidas provisórias*: os fenômenos na reedição. Porto Alegre: Fabris, 2001.

MENDES, Gilmar Ferreira; COELHO, Inocêncio Mártires; GONET BRANCO, Paulo Gustavo. *Curso de direito constitucional.* 2. ed. São Paulo: Saraiva, 2008.

MIRANDA, Jorge. *Manual de direito constitucional.* Coimbra: Coimbra Editora, 2004. t. III.

MONTESQUIEU. *L'Esprit des Lois.* Disponível em <http://books.google.com.br/books?id=64gOAAAAYAAJ&pg=PA17&lpg=PA17&dq=facult%C3%A9+d'empecher+montesquieu&source=bl&ots=0dGBA5vlSi&sig=HK6xeCIRS7U88G61zWesDDaw2NE&hl=pt-BR&ei=JjBKS46oLMqEuAfey-SGAg&sa=X&oi=book_result&ct=result&resnum=8&ved=0CCEQ6AEwBw#v=onepage&q=&f=false>.

MOUFFE, Chantal. *Pensando a democracia com e contra Carl Schmitt.* Tradução de Menelick de Carvalho Netto. Disponível em: <http://www.almg.gov.br/CadernosEscol/Caderno2/teoria.pdf>. Acesso em: 31 jan. 2010.

MOULIN, Richard. *Le Présidencialisme et la classification dês regimes politiques.* Paris: LGDJ, 1978.

MOYLE, Walter. The Whole Works of Walter Moyle. Disponível em: <http://books.google.com.br/books?id=K48BAAAAMAAJ&pg=PA59&lpg=PA59&dq=%22proper+distribution+of+power+into+several+branches,+in+the+whole+composing+as+it+were+one+great+machine%22&source=bl&ots=kkCAuWZ5Zo&sig=3NdUADPieofHoBIXCQY9axQ7Uaw&hl=pt-BR&ei=fvZlS9WwEY-YtgfR_KWuBg&sa=X&oi=book_result&ct=result&resnum=1&ved=0CAcQ6AEwAA#v=onepage&q=%22proper%20distribution%20of%20power%20into%20several%20branches%2C%20in%20the%20whole%20composing%20as%20it%20were%20one%20great%20machine%22&f=false>. Acesso em: 31 jan. 2010.

MÜLLER, Friedrich. Medidas provisórias no Brasil e a experiência alemã. In: GRAU, Eros Roberto; GUERRA FILHO, Willis Santiago (Org.). *Direito constitucional*: estudos em homenagem a Paulo Bonavides. 2. ed. São Paulo: Malheiros, 2001.

________. *Quem é o povo*: a questão fundamental da democracia. Tradução de Peter Naumann: São Paulo: Max Limonad, 2003.

NEDHAM, Machamont. The excelencie of a free-state. Disponível em: <http://press-pubs.uchicago.edu/founders/documents/v1ch10s2.html>. Acesso em: 31 jan. 2010.

NEUMANN, Franz. *Estado Democrático e Estado Autoritário.* Rio de Janeiro: Zahar, 1996.

NEVES, Marcelo. *A constitucionalização simbólica.* São Paulo: Martins Fontes, 2007.

NYE, Oliver. *História das ideias políticas.* Tradução de Jaime A. Clasen. Petrópolis: Vozes, 2007.

PAULA, Felipe de. *Processo legislativo, doutrina e academia*: hipóteses de afastamento e efeitos deletérios. No prelo.

ROSENFELD, Michel. *A identidade do sujeito constitucional*. Belo Horizonte: Mandamentos, 2003.

SAMPAIO, Marco Aurélio. *A medida provisória no presidencialismo brasileiro*. São Paulo: Malheiros, 2007.

SHAPIRO, Ian. *El estado de la teoría democrática*. Barcelona: Bellaterra, 2005.

SILVA, José Afonso da. *Processo constitucional de formação das leis*. 2. ed. São Paulo: Malheiros, 2007.

SKINNER, Quentin. *As fundações do pensamento político moderno*. São Paulo: Cia. das Letras, 1996.

TÁCITO, Caio. As medidas provisórias na Constituição de 1988. *Revista de Direito Público*, v. 22, n. 90, abr.-jun. 1989.

TROPER Michel. *La Séparation dês Pouvoirs e l'Histoire constitutionnelle française*. Paris: LGDJ, 1980.

________. *Pour une théorie Juridique de l'État*. Paris: Presses Universitaires de France.

TSEBELIS, George. *Jugadores con veto*: cómo funcionan las instituciones políticas. México: Fondo de Cultura Económica, 2006.

________. Processo decisório em sistemas políticos: *veto players* no presidencialismo, parlamentarismo, multicameralismo e pluripartidarismo. Disponível em: <http://www.anpocs.org.br/portal/publicacoes/rbcs_00_34/rbcs34_06.htm>.

UNGER, Roberto Mangabeira. *Democracia realizada*: a alternativa progressista. São Paulo: Boitempo, 1998.

WILSON, Woodrow. *The new Freedom*. Nova York: Bibliolife, 2007.

WOOTON, David. Liberty, Metaphor, and Mechanism: "checks and balances" and the origins of modern constitutionalism. Disponível em: <http://www.constitution.org/lg/check_bal.doc>. Acesso em: 31 jan. 2010.

Acreditamos que sua resposta nos ajuda a aperfeiçoar continuamente nosso trabalho para atendê-lo(la) melhor e aos outros leitores.
Por favor, preencha o formulário abaixo e envie pelos correios ou acesse www.elsevier.com.br/cartaoresposta. Agradecemos sua colaboração.

Seu nome: ____________________

Sexo: ☐ Feminino ☐ Masculino CPF: ____________

Endereço: ____________________

E-mail: ____________________

Curso ou Profissão: ____________________

Ano/Período em que estuda: ____________________

Livro adquirido e autor: ____________________

Como conheceu o livro?

☐ Mala direta
☐ Recomendação de amigo
☐ Recomendação de professor
☐ Site (qual?) ____________
☐ Evento (qual?) ____________
☐ E-mail da Campus/Elsevier
☐ Anúncio (onde?) ____________
☐ Resenha em jornal, revista ou blog
☐ Outros (quais?) ____________

Onde costuma comprar livros?

☐ Internet. Quais sites? ____________________
☐ Livrarias ☐ Feiras e eventos ☐ Mala direta

☐ Quero receber informações e ofertas especiais sobre livros da Campus/Elsevier e Parceiros.

Siga-nos no twitter @CampusElsevier

ELSEVIER

SAC ELSEVIER | 0800 026 53 40 sac@elsevier.com.br

Cartão Resposta
050120048-7/2003-DR/RJ
Elsevier Editora Ltda
CORREIOS

CARTÃO RESPOSTA

Não é necessário selar

O SELO SERÁ PAGO POR

Elsevier Editora Ltda

20299-999 - Rio de Janeiro - RJ

Qual(is) o(s) conteúdo(s) de seu interesse?

Concursos

- [ ] Administração Pública e Orçamento
- [ ] Arquivologia
- [ ] Atualidades
- [ ] Ciências Exatas
- [ ] Contabilidade
- [ ] Direito e Legislação
- [ ] Economia
- [ ] Educação Física
- [ ] Engenharia
- [ ] Física
- [ ] Gestão de Pessoas
- [ ] Informática
- [ ] Língua Portuguesa
- [ ] Línguas Estrangeiras
- [ ] Saúde
- [ ] Sistema Financeiro e Bancário
- [ ] Técnicas de Estudo e Motivação
- [ ] Todas as Áreas
- [ ] Outros (quais?) ____________________

Educação & Referência

- [ ] Comportamento
- [ ] Desenvolvimento Sustentável
- [ ] Dicionários e Enciclopédias
- [ ] Divulgação Científica
- [ ] Educação Familiar
- [ ] Finanças Pessoais
- [ ] Idiomas
- [ ] Interesse Geral
- [ ] Motivação
- [ ] Qualidade de Vida
- [ ] Sociedade e Política

Jurídicos

- [ ] Direito e Processo do Trabalho/Previdenciário
- [ ] Direito Processual Civil
- [ ] Direito e Processo Penal
- [ ] Direito Administrativo
- [ ] Direito Constitucional
- [ ] Direito Civil
- [ ] Direito Empresarial
- [ ] Direito Econômico e Concorrencial
- [ ] Direito do Consumidor
- [ ] Linguagem Jurídica/Argumentação/Monografia
- [ ] Direito Ambiental
- [ ] Filosofia e Teoria do Direito/Ética
- [ ] Direito Internacional
- [ ] História e Introdução ao Direito
- [ ] Sociologia Jurídica
- [ ] Todas as Áreas

Media Technology

- [ ] Animação e Computação Gráfica
- [ ] Áudio
- [ ] Filme e Vídeo
- [ ] Fotografia
- [ ] Jogos
- [ ] Multimídia e Web

Negócios

- [ ] Administração/Gestão Empresarial
- [ ] Biografias
- [ ] Carreira e Liderança Empresariais
- [ ] E-business
- [ ] Estratégia
- [ ] Light Business
- [ ] Marketing/Vendas
- [ ] RH/Gestão de Pessoas
- [ ] Tecnologia

Universitários

- [ ] Administração
- [ ] Ciências Políticas
- [ ] Computação
- [ ] Comunicação
- [ ] Economia
- [ ] Engenharia
- [ ] Estatística
- [ ] Finanças
- [ ] Física
- [ ] História
- [ ] Psicologia
- [ ] Relações Internacionais
- [ ] Turismo

Áreas da Saúde [ ]

Outras áreas (quais?): ____________________

Tem algum comentário sobre este livro que deseja compartilhar conosco?

____

Atenção:
As informações que você está fornecendo serão usadas apenas pela Campus/Elsevier e não serão vendidas, alugadas ou distribuídas por terceiros sem permissão preliminar.